Manual de acentuación

Manual de acentuación

Explicaciones detalladas
Ejercicios para practicar

Alberto Bustos

Lengua-e

1.ª edición

Lengua-e, 2013
Cáceres (España)
albertobustos@lengua-e.com
ISBN: 978-84-616-6357-6

Índice general

Convenciones de escritura

En este manual se utilizan las siguientes convenciones de escritura:

mesa	La cursiva se utiliza para referirse a una palabra, es decir, para hablar de ella en lugar de emplearla como tal en una oración. También se recurre a ella para destacar partes del texto.
‹mesa›	Las comillas simples indican que nos estamos refiriendo al significado.
[mésa]	Los corchetes indican pronunciación.
me·sa	El punto medio marca la separación silábica.
(1)	Los ejemplos ocupan su propia línea y además se señalan y ordenan con números encerrados entre paréntesis.

La representación de los sonidos se basa en la pronunciación corriente de las letras del alfabeto, pero eliminando ambigüedades, duplicidades y grafemas que no se pronuncian. Debería ser fácilmente comprensible para cualquier lector. Corresponde al habla idealizada de un hablante que diferencia los sonidos ese y ce, elle y ye. O sea, *casa, caza, pollo* y *poyo* suenan diferente y se representan, respectivamente, como [kása, káza, póllo, póyo]. Quienes somos yeístas o quienes sean ceceantes o seseantes no tendrán mayor dificultad en adaptarlo a lo que de hecho pronuncian.

Aunque pueda parecer evidente, no está de más recordar que los grafemas be y uve se pronuncian igual en español, por lo que *tubo* y *tuvo* comparten representación: [túbo].

Agradecimientos

Detrás de un libro está el trabajo de muchas personas y este no es una excepción. Hace ya varios años que empecé a publicar artículos sobre acentuación en el *Blog de Lengua,* obra que pongo a disposición de todas las personas interesadas en cuestiones lingüísticas. Desde el primer momento tuve la suerte de recibir innumerables comentarios de lectores que me señalaban puntos fuertes y débiles. Esto no solo me estimuló para continuar con la tarea, sino que contribuyó en gran medida a mejorar el resultado.

Cuando decidí acometer la publicación en forma de libro, tuve el apoyo de un puñado de amigos a los que les pedí que leyeran el borrador como si fueran mis peores enemigos. Cada uno aportaba una perspectiva diferente por su formación y profesión, y a todos ellos tengo que darles las gracias de una manera muy especial. Este primer grupo de sufridos lectores estaba formado por Carlos Gancedo Sempere, Ester Muñoz Martínez, Jesús Rubio Sanz, Mónica Orduña Labra y Nicolás Giménez Llorente.

Sin embargo, el proceso de revisión y prueba hubiera quedado cojo si no hubiera hecho uso de las posibilidades que hoy nos brindan Internet y las redes sociales. En esta publicación ha tenido un papel fundamental un grupo de voluntarios con los que entré en contacto a través de la página del blog en Facebook.

Esta era la prueba definitiva porque me permitía beneficiarme de la mirada de personas de diferentes países, que hablaban diferentes variedades del español y que habían pasado por sistemas educativos muy diversos. Ellos me han enseñado que hay otra forma de elaborar materiales didácticos. Les dedico desde aquí mi más sincero agradecimiento a Ángela Holguera, Astrid Rettig, Carla Scardino, Carmen Requena, Elena Basaldúa, Isabel Feito Blanco, Jocelyn Betzabé Hernández Camacho, JKF García de Iturrospe, José Manuel León Rodríguez, Laura Gil Alas, Núria de Santiago Maigí, Raquel Marco Fernández, Rhenso González, Suzana Dias y Suzann Baldwin.

El libro se ha elaborado íntegramente empleando *software* libre de código abierto. He trabajado en ordenadores que utilizan como sistema operativo Ubuntu Linux. El *Blog de Lengua* se publica gracias a WordPress y el libro se ha compuesto en LaTeX con el procesador de textos LyX. La cubierta se ha diseñado con Gimp. Me parecía conveniente poner de manifiesto esta deuda de gratitud a la comunidad del *software* libre, que con su trabajo nos permite trabajar a los demás.

Cada una de las personas mencionadas ha contribuido a mejorar este libro. No obstante, los errores que sin duda contiene son atribuibles exclusivamente a su autor.

Siempre se nos puede quedar alguien en el tintero. Si por cualquier motivo crees que deberías aparecer en estos agradecimientos y por descuido del autor no se te ha incluido, envíame un correo a albertobustos@lengua-e.com y procuraré solucionarlo en la próxima edición.

¿Para qué este libro?

Tienes entre tus manos un libro que te va a ayudar a lograr el nivel de corrección en el uso de la tilde que se espera de una persona adulta y con formación. Si alguna vez un acento te ha hecho dudar antes de enviar un correo, entregar un documento a un cliente o pulsar el botón de publicar en tu blog, los ejercicios y explicaciones que encontrarás a continuación te van a servir para que esos momentos de inseguridad vayan siendo cada vez menos. Si ya manejas con soltura las reglas de acentuación, puedes pulir tus conocimientos para llevarlos al máximo nivel, al que se espera de un estudiante universitario, un opositor, un maestro o un profesional que tiene que escribir a diario.

Debes acentuar tus textos debidamente para que te lean con atención, para despejar ambigüedades y evitarte malentendidos, para presentarte como una persona fiable y profesional; en definitiva, para que te tomen en serio. Da lo mismo que se trate de conseguir un empleo o de vender tus productos, de escribir con tiza o de proyectar una presentación, de traducir lenguas extranjeras o de corregir el estilo de la propia: cada falta de ortografía es una piedra que arrojas contra tu propio tejado.

Naturalmente, el material que te ofrezco está adaptado a las novedades que introdujeron las Academias de la Lengua en la última edición de la *Ortografía de la lengua española*[1]. De hecho, la publicación de esta nueva versión de la ortografía es lo que ha terminado de convencerme de la necesidad de un manual como este. Tenemos buenos materiales para enseñar la acentuación a los niños dentro de su formación escolar. Sin embargo, no es tanto lo que hay a disposición de los adultos que quieren renovar y actualizar estos conocimientos.

Sea como sea, ahora todo depende de ti. El secreto para dominar la acentuación está en la constancia. Debes manejar el método a diario. No debería llevarte más de veinte o treinte minutos por sesión. Estudia al menos un apartado. Los ejercicios marcan el tope que no debes superar. Cuando llegues a uno, resuélvelo, corrígelo y deja reposar la tarea hasta el día siguiente. De esa forma darás tiempo a que lo que has aprendido se vaya asentando y ordenando.

Cuando hayas completado todas las explicaciones y las prácticas correspondientes, te encontrarás con unos ejercicios de repaso general. Al llegar a este punto, te conviene resolver cada día un bloque completo. Estos ejercicios te van a mostrar la interacción de unas reglas con otras, algo que no siempre queda claro cuando se trabajan aisladamente. Así obtendrás una visión de conjunto. La dificultad es progresiva, por lo que te vas a dar cuenta de cuál es el escalón que te cuesta superar. Esta parte del manual también es importante porque amplía y aclara las explicaciones teóricas para ciertas cuestiones puntuales que se entienden mejor en relación con la práctica.

[1] Real Academia Española y Asociación de Academias de la Lengua Española. 2010. *Ortografía de la lengua española*. Madrid: Espasa.

Si sigues este procedimiento, sin grandes esfuerzos, comprobarás que tu acentuación va mejorando de manera constante. En un par de meses tendrás hecho el trabajo y más adelante siempre podrás volver al libro para resolver dudas puntuales. Lo que no sirve de nada es empezar con un atracón y después olvidarse durante tres semanas.

Y si todo va bien, llegará un momento en que olvides las reglas. Las habrás interiorizado y la acentuación se habrá convertido para ti en un automatismo muy parecido al que aplicas cuando cambias de marcha en el coche.

He publicado el manual bajo una licencia Creative Commons porque quiero que saques copias para tu uso personal, para regalárselas a un amigo que las pueda aprovechar y, sobre todo, para que puedas utilizar el manual con fines educativos. Si eres profesor, puedes copiar el texto entero o en parte para repartírselo a tus alumnos, puedes proponerles ejercicios o estudiar con ellos algunos apartados. Esta licencia también impone algunas limitaciones, por supuesto: tienes que indicar siempre quién es el autor, quedan excluidos todos los usos comerciales que no hayan sido debidamente autorizados y no puedes tomar mi texto como base para convertirlo en otro diferente.

Este manual tiene un único fin, que es el de enseñar a acentuar de la manera más eficaz posible. Habrá que medir su acierto por lo útil que resulte para alcanzar ese objetivo. Te invito a que me hagas llegar cualquier comentario o sugerencia que sirva para mejorar las próximas ediciones.

Cáceres, 6 de septiembre de 2013

Parte I.

Las reglas de acentuación

1. Nociones básicas

1.1. El sistema de acentuación

En este primer apartado vas a encontrar una visión de conjunto del sistema de acentuación que te va a servir de anticipo de lo que aparecerá más adelante. Todavía no vamos a entrar en los diferentes conceptos ni nos vamos a detener a examinar ejemplos. De todo eso nos iremos ocupando en los apartados correspondientes, que son los que se van mencionando entre paréntesis a continuación.

El sistema de acentuación está formado por un conjunto de reglas cerrado y abarcable. A la hora de escribir, estas reglas nos permiten decidir para cada palabra individual si esta debe llevar tilde[1] y, en su caso, dónde la debe llevar. Además, las reglas están formuladas de tal modo que siempre permiten al lector averiguar cuál es la sílaba que debe pronunciar con un especial relieve. Gracias a eso, acertaremos en todos los casos con esa sílaba aunque nunca hayamos oído la palabra en cuestión. Una palabra escrita puede tener como máximo una tilde, es decir,

[1]La palabra *tilde* admite tanto el género masculino como el femenino. Para la mayoría de los hablantes es un nombre femenino *(la tilde),* pero también hay quien emplea —correctamente— el género masculino *(el tilde).* En este libro nos referiremos siempre a ella como *la tilde.*

habrá palabras que tengan tilde y palabras que no la tengan, pero nunca nos encontraremos con ninguna que lleve más de una tilde.

Para aplicar correctamente las reglas, en primer lugar es necesario tener claro cuál es la sílaba tónica de una palabra (apartado 1.2) y entender la distinción entre acento prosódico y acento ortográfico (1.3). Para resolver algunos casos, resultará de gran ayuda el saber diferenciar entre palabras tónicas y palabras átonas (1.4).

El sistema presenta, por un lado, un conjunto de reglas generales (capítulo 2) y, por otro, una diversidad de reglas particulares (3). Esto se complementa con un conjunto de casos en que se utiliza la tilde para diferenciar pares de palabras que por lo demás se escriben igual. Esa es la denominada tilde diacrítica (4). Además, para dominar el sistema de acentuación ortográfica, hay que estudiar una serie de casos específicos (5) que se derivan de las reglas anteriores aunque no siempre sean evidentes. Vayamos por partes.

Las reglas generales determinan cuándo se han de tildar las palabras agudas (2.1), llanas (2.2), esdrújulas (2.3) y sobresdrújulas (2.4). Este subconjunto es claro, coherente y de fácil manejo.

La primera dificultad importante la encontramos en las reglas particulares. Estas rigen la acentuación de los monosílabos (3.1); diptongos, triptongos e hiatos (3.2); y adverbios en *-mente* (3.3). Para entender el funcionamiento de diptongos, triptongos e hiatos dentro del sistema de acentuación, es fundamental tener presente que se trata de nociones referidas a la escritura que no tienen una correspondencia exacta con la pronunciación. Toda secuencia de vocales que cumple unos determinados criterios se clasifica en una de estas categorías con independencia de cómo se realice efectivamente al hablar.

Sin embargo, la mayor dificultad del sistema reside en la tilde diacrítica. Para utilizarla correctamente es fundamental que seamos capaces de diferenciar entre palabras tónicas y palabras átonas. De lo contrario, nos veremos obligados a manejar un volumen considerable de conceptos gramaticales.

Precisamente, las últimas reformas que se han introducido en el sistema de acentuación tienen que ver con la tilde diacrítica. Concretamente, se ha eliminado la tilde de la conjunción *o* (4.5.1), que tradicionalmente se escribía cuando esta aparecía entre cifras; ha pasado a la historia la tilde de *solo* (4.5.2); y la acentuación de los pronombres demostrativos *(este, ese, aquel),* que antes era facultativa, ha desaparecido también (4.5.3).

Por lo que respecta a los casos específicos, ha habido una novedad que afecta a *guion* y otros monosílabos semejantes, pues si antes se desaconsejaba tildarlos, ahora se prohíbe (5.1). Conviene también recordar que siempre ha sido obligatorio acentuar las mayúsculas como cualquier otra letra (5.2). Es simplemente un mito la idea de que no es necesario hacerlo. La acentuación de las palabras compuestas (5.3) y de las formas verbales con pronombres enclíticos (5.4) se deriva simple y lógicamente de las reglas generales, aunque no está de más alguna pequeña aclaración. Para las abreviaturas (5.5), tendremos que estar atentos a si la vocal acentuada se mantiene en la forma abreviada o desaparece. Las reglas de acentuación rigen para los nombres de pila y apellidos españoles (5.6.1) exactamente igual que para cualquier palabra, pero no así para los extranjeros (5.6.2), que habrán de seguir las que, eventualmente, les sean aplicables en su lengua de origen. Los de origen catalán, euskera y gallego ocupan una posición particular que examinaremos en el apartado 5.6.3.

En cuanto a la acentuación de las palabras de origen extranjero (5.7), esta puede ser vacilante, lo que tiene mucho que ver con su grado de integración en nuestra lengua. Las palabras latinas (5.8) se tildan cuando se las considera integradas en el léxico del castellano y se las mantiene con su grafía originaria (es decir, sin tilde) cuando no son de uso corriente. Se las considera, por tanto, de algún modo, como un caso particular dentro del caso más general de la acentuación de las palabras de origen extranjero. Las secuencias de más de una palabra tomadas del latín, en cambio, se escriben siempre sin tilde y se tratan como extranjerismos crudos a todos los efectos.

Y nunca se insistirá lo suficiente en que el pronombre *ti* se escribe sin tilde (5.9).

1.2. La sílaba tónica

Para aplicar correctamente las reglas de acentuación hay que aprender a determinar con exactitud cuál es la sílaba tónica, es decir, en qué sílaba recae el golpe de voz al hablar. Hasta que esto no esté solucionado, nos podemos olvidar de todo lo demás.

La maestra que me enseñó a escribir los acentos nos tuvo a todos los niños practicando hasta que fuimos capaces de atinar con la sílaba en cuestión. Ella nos iba presentando palabras aisladas y nosotros teníamos que leerlas en voz alta silabeando de forma muy enfática, como si cantáramos. Teníamos que arrastrar cada vez la pronunciación de una sílaba diferente hasta que acertábamos con la que, de manera natural, se dejaba sostener y pronunciar con más fuerza. Así, se podía apoyar toda la fuerza de la pronunciación y de la melodía en *ji·RAAA·fa,* demorándose en la sílaba intermedia, pero *sonaba raro* hacer lo mismo con *JIIII·ra·fa* o con *ji·ra·FAAA.* Habíamos encontrado la sílaba tónica.

¿Había alguna base científica en aquel ejercicio? La había. Para empezar, es correcto el practicar con palabras aisladas, puesto que las reglas de acentuación se aplican a la palabra individual, por lo que debemos tomar esta como punto de partida. Además, hay que tener en cuenta que el acento prosódico combina tres características:

1. mayor fuerza al pronunciar la sílaba afectada,
2. mayor duración de esa sílaba,
3. contraste con la melodía del resto de la cadena hablada.

De estos tres, el que típicamente se asocia con el acento del español es el primero, pero eso no impide que vaya acompañado de los otros dos. Cuando cantamos las sílabas prolongándolas y enfatizándolas, lo que logramos es presentar de forma exagerada y perceptible lo que de manera inconsciente y a toda velocidad hacemos al hablar.

☞ Bueno, la teoría está muy bien, pero antes de pasar adelante lo que se impone es practicar. Haz ahora el ejercicio 1 de la página 91 y cuando lo tengas resuelto continuamos con las explicaciones teóricas.

1.3. Acento ortográfico y acento prosódico

La palabra *acento* puede significar muchas cosas. En el sentido que nos ocupa en este libro, admite dos interpretaciones que se refieren a dos planos diferentes:

1. Escritura: Es el trazo oblicuo que se marca sobre algunas vocales al escribir, como ocurre en la vocal final de *habló*.

2. Pronunciación: Es la especial fuerza con que se pronuncia una sílaba determinada de una palabra, como ocurre al pronunciar la sílaba *-bló* del ejemplo anterior.

Cuando alguien nos pregunta si *solo* tiene acento o si las mayúsculas llevan acento, por lo general se está refiriendo a la primera acepción, la que tiene que ver con la escritura. Existen para ella dos nombres técnicos que la designan inequívocamente: *acento ortográfico* y *acento gráfico.* Estas denominaciones coexisten con la de *tilde,* que es más frecuente, aunque menos precisa, ya que puede aplicarse también al trazo ondulado que corona la eñe. No obstante, la denominación *tilde* por lo general nos sirve para entendernos.

El único acento gráfico que se usa en español es el denominado *acento agudo,* que es el que está inclinado hacia la derecha: *á, é, í, ó, ú.* Es un error utilizar el denominado *acento grave,* que es el que se encuentra inclinado a la izquierda *(ò),* y, por supuesto, el circunflejo *(ô).*

En su segunda acepción, el acento es un concepto referido al plano de la pronunciación. Es la especial fuerza o hincapié que se hace al pronunciar una sílaba en una palabra. Su denominación específica es *acento prosódico.* El tecnicismo *prosódico* viene a significar aquí algo así como ‹de la pronunciación›. La sílaba tónica es simplemente la sílaba en la que recae el acento prosódico. Todas las palabras, cuando se pronuncian aisladas, tienen acento prosódico. Otra cosa es lo que ocurre cuando se encadenan en el discurso, pero de eso nos ocupamos en el apartado siguiente (1.4).

La presencia de un acento en el plano de la pronunciación no siempre se marca en la escritura. Se hace, por ejemplo, en el caso de *ratón,* pero no en el de *gato.* Eso depende de las reglas que estudiaremos a continuación.

1.4. Palabras tónicas y palabras átonas

1.4.1. Diferencia entre palabras tónicas y átonas

Decíamos en el apartado 1.3 que todas las palabras, cuando se pronuncian aisladas, tienen acento prosódico. Sin embargo, cuando se encadenan unas con otras al hablar, nos encontramos con que unas son tónicas y otras son átonas.

Lo que hemos de entender por palabra tónica y palabra átona es esto:

Palabra tónica: Es la que tiene acento prosódico.

Palabra átona: Es la que carece de acento prosódico.

En definitiva, las palabras tónicas son las que se pronuncian con acento propio en la cadena hablada, mientras que las átonas son las que carecen de él. Las palabras átonas se tienen que apoyar en una palabra tónica cuando hablamos porque no podemos pronunciar una secuencia de sonidos sin que aparezca por alguna parte un acento prosódico.

La siguiente oración contiene ejemplos de palabras tónicas y átonas:

(1) Miré por la ventana y vi un frondoso y joven álamo.

Si lees la oración (1) en voz alta, advertirás que es así como se distribuyen los acentos y se agrupan las palabras:

(2) [mi*ré* porlaben*tá*na i*bí ún* fron*dó*so ij*ó*ben *á*lamo]

En (2) se aprecia que las palabras que no tienen acento propio van buscando el de la siguiente para pronunciarse y por eso se agrupan con la siguiente palabra tónica, como sucede en *por la ventana* [porlaben*tá*na], donde toda la pronunciación gira alrededor del acento de la sílaba *-tá-*. Lo mismo ocurre en otras dos secuencias: *y vi, y joven.*

1.4.2. Qué palabras son tónicas

Suelen ser tónicas las palabras significativas, es decir, las que tienen significado léxico. Es fácil comprobar que en el ejemplo (2) del apartado anterior se pronuncian tónicos los **sustantivos** *(ventana, álamo),* los **verbos** *(mirar, ver)* y los **adjetivos** *(frondoso, joven).* Pues bien, sustantivos, verbos y adjetivos son las tres clases de palabras típicamente tónicas.

También son tónicos casi todos los **adverbios,** por ejemplo, *más* y *todavía* en la siguiente secuencia:

(3) Un álamo más joven todavía.

(4) [*ún* *á*lamo *más* *jó*ben toda*bí*a]

Los adverbios en *-mente,* por su parte, son excepcionales porque son las únicas palabras en español que se pronuncian con dos acentos: uno en el adjetivo sobre el que se forman y otro en la terminación *-mente:*

(5) Rápidamente

(6) [*rá*pida*mén*te]

Dentro de los **pronombres,** se pronuncian con acento propio los que funcionan como sujeto (*yo, tú, él, nosotros,* etc.) y los que siguen a una preposición (*para mí, por ti, de sí,* etc.). Aquí tenemos un ejemplo que contiene pronombres tónicos:

(7) Yo trabajo para mí.

(8) [*yó* tra*bá*jo para*mí*]

No podemos olvidar a los **interrogativos** y **exclamativos,** por ejemplo, *qué* y *cómo:*

(9) ¿Qué quieres?

(10) [*¿ké* *kié*res?]

(11) ¡Cómo pica!

(12) [¡*kó*mo *pí*ka!]

De entre los **determinantes** son tónicos los indefinidos, como *un, algún, ningún* y todas sus variaciones de género y número; así como los demostrativos: *este, ese, aquel* y sus variantes de género y número.

1.4.3. Qué palabras son átonas

Tienden a ser átonas las palabras con función gramatical. Esto es lo que les ocurre a las **preposiciones** (*a, de, con, por, para, sin,* etc.).

Dentro de los **determinantes** son átonos los artículos *(el, la, los, las)* y los posesivos que van antepuestos al nombre (*mi amigo, tu casa, su coche,* etc.)[2].

En (14) se representa la pronunciación átona del artículo *la,* la preposición *de* y el posesivo *nuestro:*

(13) La finca de nuestro abuelo.

(14) [la*fín*ka denuestroa*bué*lo]

Son átonas, asimismo, las **conjunciones,** como *que* y *aunque* en el siguiente ejemplo:

(15) Veo que progresas aunque te cuesta.

(16) [*bé*o keprog*ré*sas aunkete*kués*ta]

También tenemos **pronombres** inacentuados, empezando por los denominados pronombres personales átonos *(me/nos, te/os, se,*

[2]En cambio, son tónicos cuando van pospuestos al nombre *(un amigo mío).*

lo/los, la/las, le/les) y continuando por los relativos (*que, cuando, donde, como,* etc.).

Fíjate en la pronunciación del pronombre *me* y de los relativos *donde* y *que:*

(17) La ciudad donde me encuentro, que es Cáceres, es patrimonio de la humanidad.

(18) [laziu*dád* dondemen*kuén*tro ke*és* *ká*zeres *és* patri*mó*nio delaumani*dád*]

Dentro de los relativos, se aparta de la norma *el cual,* que en todas sus variantes de género y número se pronuncia tónico:

(19) [el*kuál*, los*kuá*les...]

Hay que tener cuidado para no confundir los pronombres relativos con sus correlatos exclamativos e interrogativos, que se pronuncian y escriben con acento. De esta cuestión es precisamente de lo que va a tratar en gran medida la tilde diacrítica (capítulo 4).

Hay unos pocos **adverbios** átonos. Aquí nos interesan especialmente los usos de *aun* en que se puede sustituir por *incluso,* pues nos encontraremos con ellos cuando nos ocupemos de la tilde diacrítica:

(20) Aun así, continuaremos.

(21) [auna*sí* kontinua*ré*mos]

☞ Muy bien. Haz el ejercicio 2 de la página 91 y después podremos hablar de otras cosas.

2. Las reglas generales

2.1. Palabras agudas

Las palabras agudas son las que tienen el acento prosódico en la última sílaba, por ejemplo:

(1) a*sí*, ja*bón*, co*rrer*, con*voy*

Algunas palabras agudas llevan tilde y otras no, como puedes ver en (1). La regla general para su acentuación ortográfica es la siguiente:

Regla: Las palabras agudas llevan tilde cuando terminan en vocal, *-n* o *-s*.

Aquí tienes algunos ejemplos de palabras agudas que se tildan porque acaban en vocal (2), *-n* (3) o *-s* (4):

(2) a*llá*, ca*fé*, conse*guí*, aca*bó*, ta*bú*

(3) fai*sán*, alma*cén*, co*jín*, ja*món*, a*tún*

(4) ja*más*, ar*nés*, Gal*dós*, a*nís*, o*bús*

También hay que conocer una excepción:

Excepción: Las palabras agudas que terminan en un grupo de dos o más consonantes no se tildan nunca.

Esta excepción afecta solamente al plural de alguna que otra onomatopeya (5) y a un puñado de palabras de origen extranjero, sobre todo en plural (6):

(5) zigzags, tictacs

(6) robots, confort, Orleans, compost

Hay que tener cuidado también con las palabras terminadas en vocal + *-y*, como *convoy* y *espray*. Muchas son agudas, pero no se tildan porque la i griega[1] se considera consonante a efectos ortográficos.

☞ Vamos a practicar esto con el ejercicio 1 de la página 92.

2.2. Palabras llanas

Las palabras llanas son las que tienen el acento prosódico en la penúltima sílaba. También se las conoce como graves. Veamos algunos ejemplos:

(7) *ar*ce, e*xa*men, *vi*rus, *ár*bol, *tó*rax, *ná*car, *yó*quey

Como se puede ver por los ejemplos de arriba, solo algunas de ellas tienen además acento ortográfico. La regla para esto es de tipo negativo:

---

[1] A la i griega *(y)* también se la puede llamar *ye*. Ambas denominaciones son correctas. En este manual siempre emplearemos la primera.

Regla: Se escriben con tilde las palabras llanas que no terminan en vocal, *-n* o *-s.*

Nos encontramos, por tanto, con el reverso de la regla de acentuación de las palabras agudas.

La regla que acabamos de enunciar explica que en (7) no se tilde *arce* porque acaba en vocal, *examen* porque acaba en *-n* y *virus* porque acaba en *-s*. En cambio, sí requieren acento ortográfico *árbol, tórax, nácar* y *yóquey.* En este último caso, que es la castellanización gráfica del inglés *jockey,* la tilde es obligatoria porque la i griega es, a todos los efectos, una consonante desde el punto de vista ortográfico, como vimos en el apartado 2.1.

Existe una excepción a la regla que acabamos de formular:

Excepción: Las palabras llanas que terminan en un grupo de dos o más consonantes se tildan siempre.

Una vez más, esta excepción es el reverso de la correspondiente para las palabras agudas. Aquí tienes algunos ejemplos de palabras llanas que terminan en secuencias de dos o más consonantes y que, por tanto, se tildan:

(8) bíceps, referéndums, superávits, récord, récords

☞ Vamos a hacer el ejercicio 2 de la página 93.

2.3. Palabras esdrújulas

Son esdrújulas las palabras que tienen el acento prosódico en la antepenúltima sílaba, por ejemplo:

(9) *ré*gimen, es*drú*jula, *dé*ficit, *má*quina, *quí*mica

La regla para su acentuación gráfica no puede ser más fácil:

Regla: Las palabras esdrújulas se tildan siempre.

2.4. Palabras sobresdrújulas

Las palabras sobresdrújulas son excepcionales en español. En ellas, el acento prosódico recae en una sílaba situada antes de la antepenúltima (o sea, en la cuarta contando desde el final o, raramente, en la quinta). La regla de acentuación gráfica está calcada de la que se aplica a las esdrújulas:

Regla: Las palabras sobresdrújulas se tildan siempre.

No hay palabras simples con este tipo de acentuación. Los únicos casos son los de gerundios o imperativos a los que se les añaden pronombres átonos, por ejemplo:

(10) *cóm*pramela, re*có*janmelos, *vién*dooslas

(11) *quí*tensemelas, *guár*datemelo

En los ejemplos de (10) el acento recae en la cuarta sílaba contando desde el final; en los de (11), en la quinta.

En la práctica, raramente vas a tener que tildar formaciones como las de (11). Pueden aparecer ocasionalmente en la lengua oral por acumulación de pronombres que se añaden a una única forma verbal. Sin embargo, son infrecuentes en la lengua escrita.

En el apartado 5.4 volveremos sobre la acentuación de los verbos con pronombres átonos.

☞ Haz el ejercicio 3 de la página 93.

3. Las reglas particulares

Las reglas particulares son un complemento a las reglas generales. Aquí entran ciertos casos que reciben un tratamiento especial dentro del sistema de acentuación. Por ejemplo, desde un punto de vista estrictamente lógico, los monosílabos se tendrían que tratar como palabras agudas. La regla particular que se les aplica anula este tratamiento. En el caso de los diptongos y triptongos, es necesario aplicar primero la regla particular y solo entonces se está en condiciones de aplicar alguna de las reglas generales. La acentuación gráfica de los adverbios en *-mente* se hace depender de la de otras palabras (los adjetivos correspondientes), lo que resulta anómalo en comparación con las reglas generales.

3.1. Los monosílabos

Los monosílabos siguen una regla particular de tipo negativo:

Regla: Los monosílabos no llevan tilde.

Por tanto, tenemos que escribirlos así:

(1) sol, ron, doy, fui, ti, fe, Luis

La excepción son los casos de tilde diacrítica como, por ejemplo, *dé* (del verbo *dar*), *mí* (pronombre personal), etc. Estos los vamos a estudiar en el capítulo 4.

Cuando concurren dos o más vocales, no siempre es fácil decidir si una palabra es monosílaba *(vio)* o no *(ve·o)*. Para ello, es necesario entender las reglas que determinan qué es un diptongo ortográfico (apartado 3.2.1), qué es un triptongo ortográfico (3.2.2) y qué es un hiato ortográfico (3.2.3). De acuerdo con estas reglas, se consideran monosílabos palabras como *guion, guie, hui, fie, ion, truhan, lio, riais,* etc. Nos ocuparemos de estos casos con más detenimiento en el apartado 5.1.

Tampoco se realizan excepciones para la acentuación de los nombres propios de persona. Estos siguen obligatoriamente las reglas que rigen para cualquier otra palabra y, por tanto, nombres monosílabos como *Ruiz, Luis* y *Sainz* no reciben acento ortográfico. De todas formas, volveremos sobre los nombres propios de persona en el apartado 5.6.

3.2. Diptongos, triptongos e hiatos

3.2.1. Qué es un diptongo

Un diptongo es una secuencia de dos vocales que pertenecen a la misma sílaba. Las palabras con diptongo se acentúan gráficamente siguiendo las reglas generales. Hasta aquí, todo bien. La gracia está en saber dos cosas:

1. qué secuencias de vocales forman diptongos a efectos ortográficos;

2. dónde se tiene que colocar la tilde llegado el caso.

Vayamos por partes. Cuando una palabra contiene una secuencia de dos vocales, necesitamos saber si estas forman un diptongo ortográfico o un hiato. Para ello hemos de conocer ciertas reglas[1]. Existe un diptongo cuando se cumple una de las dos posibilidades siguientes:

1. Vocal abierta + vocal cerrada (el orden es indiferente): *Cáustico, béisbol, perdió, aire, ordinariez, Sainz, ion.*

2. Dos vocales cerradas diferentes: *Cuídate, interviú, jesuita, construir, Luis, hui.*

La denominación *vocales abiertas* y *vocales cerradas* se basa en la apertura de la boca al pronunciarlas. La a, la e y la o se pronuncian con mayor apertura. En cambio, la i y la u se pronuncian con la boca más cerrada. A las abiertas también se las conoce como *fuertes;* y a las cerradas, como *débiles.*

Para recordar qué se considera vocal abierta y qué, vocal cerrada, hay una regla mnemotécnica que es poco científica pero

[1] Las nociones de diptongo, triptongo e hiato que se manejan en relación con el uso de la tilde son convencionales y no reflejan necesariamente la pronunciación. Existen unas condiciones bien definidas para clasificar cualquier secuencia de vocales en una de las categorías anteriores. Siempre que se cumplen las condiciones, tenemos que considerar que la secuencia en cuestión es, o bien un diptongo, o bien un triptongo, o bien un hiato. Sin embargo, la realización que de hecho tengan esas secuencias en la pronunciación presenta grandes variaciones. Intervienen ahí factores geográficos, sociales y culturales. Pondré solamente un ejemplo. La palabra *viuda* tiene dos pronunciaciones posibles en la lengua culta: [biú·da], con diptongo, y [bi·ú·da], con hiato. Sin embargo, a efectos ortográficos, esa secuencia de vocales se clasifica siempre como diptongo, sin entrar en más consideraciones: *viu·da.*

muy eficaz. Las *gorditas* (a, e, o) son fuertes (= abiertas). Las *flaquitas* (i, u) son débiles (= cerradas).

Los diptongos se acentúan o se dejan de acentuar gráficamente siguiendo las reglas generales; pero para aplicarlas tienes que tener presente que el diptongo funciona como si hubiera una sola vocal en lugar de dos (viene a ser como si las vocales estuvieran soldadas). Teniendo en cuenta lo anterior, podemos entender por qué llevan tilde las siguientes palabras:

(2) cáus·ti·co *(palabra esdrújula)*

(3) béis·bol (*palabra llana terminada en* -l)

(4) per·dió *(palabra aguda terminada en vocal)*

Y también queda claro por qué no se tildan estas otras:

(5) ai·re *(palabra llana terminada en vocal)*

(6) or·di·na·riez (*palabra aguda terminada en* -z)

(7) Sainz, ion *(monosílabos)*

Si aplicas tú mismo las reglas de acentuación a los ejemplos restantes, comprobarás que la presencia o ausencia de la tilde sigue siendo perfectamente regular.

Conviene saber también que la hache intercalada no rompe el diptongo. Por ejemplo, *truhan,* a pesar de la hache, contiene un diptongo ortográfico, por lo que es palabra monosílaba y no puede llevar tilde.

Bien, ¿y dónde va la tilde si es que se tiene que poner? En el primer caso, es decir, vocal abierta más vocal cerrada, la tilde se sitúa siempre sobre la vocal abierta. Es lo que vemos en *cáustico, béisbol* y *perdió.* Colocarlo en la vocal cerrada tendría consecuencias fatales para el diptongo, como veremos al hablar de los hiatos (apartado 3.2.3). En el segundo caso, o sea, dos vocales cerradas diferentes, la tilde se coloca siempre sobre la segunda, como en *cuídate* y en *interviú.*

☞ Haz el ejercicio 1 de la página 93.

3.2.2. Qué es un triptongo

Un triptongo es una secuencia de tres vocales que pertenecen a la misma sílaba. Sin embargo, no nos sirve como triptongo cualquier secuencia de tres vocales, sino solamente aquellas en que la vocal del centro es abierta y las exteriores, cerradas[2]:

Triptongo: Vocal cerrada + vocal abierta + vocal cerrada

Aquí tenemos algunos ejemplos de triptongos sin tilde:

(8) v**iei**ra, op**ioi**de, m**iau**

Los triptongos se tildan siguiendo las reglas generales. La secuencia de tres vocales funciona como si fuera una sola (igual que si estuvieran soldadas). Cuando hay que marcar gráficamente el acento, la tilde se sitúa siempre en la vocal abierta. Los casos en que verdaderamente nos vamos a encontrar con que hay que acentuar triptongos son los de palabras agudas terminadas en *-s,* concretamente, formas verbales como las siguientes:

(9) confiéis, limpiáis

[2]Para que nos entendamos: un sándwich con las tapas a los lados y el relleno en el centro.

Fuera de ahí, si se rebusca, se puede encontrar algún caso aislado como el tecnicismo *haliéutico* ‹relativo a la pesca› o la forma expresiva *requetemiáu*; pero ya digo que hay que rebuscar.

Una pequeña complicación nos la crean palabras terminadas en *-y* como *Paraguay* o *Camagüey,* que no se acentúan. Para entender esto, hay que recordar que la i griega, a efectos ortográficos, es una consonante. La diéresis de *Camagüey* indica que la u se pronuncia, pero no deshace el triptongo: *Ca·ma·güey.*

La mayoría de las secuencias vocálicas que podrían ser triptongos no son tales porque se *rompe* el triptongo. En el apartado 3.2.3 veremos bajo qué condiciones ocurre esto.

☞ El ejercicio que toca hacer ahora es el 2 (página 94).

3.2.3. Cómo se acentúan los hiatos

Un hiato es una secuencia de dos vocales que pertenecen a sílabas diferentes. Hay tres tipos de secuencias vocálicas que constituyen hiatos a efectos ortográficos:

1. Vocal cerrada tónica + vocal abierta (el orden es indiferente): *Raíz, oír, laúd, flúor, decíais, búho, ahí.*

2. Dos vocales abiertas diferentes: *Roer, ateo, peleó, Peláez, espeleólogo, aéreo, léalo.*

3. Dos vocales iguales (da lo mismo que sean abiertas o cerradas): *Leer, zoo, Rociito*[3], *chiita, chií, peleé, léelo.*

El primer caso es muy importante porque *rompe* los diptongos y triptongos. Cuando la vocal cerrada es tónica, se anulan las

[3] *Rociito* es el diminutivo del nombre de mujer *Rocío.*

reglas que dictan lo que es un diptongo y un triptongo. Se aplica entonces una regla particular que prevalece sobre las demás:

Regla: Cuando se unen una vocal cerrada tónica y una vocal abierta, sea cual sea el orden, la vocal cerrada siempre lleva tilde.

Nótese que esta regla es muy fuerte, pues no solo anula las reglas referentes a diptongos y triptongos, sino también todas las que determinan la acentuación ortográfica de agudas, llanas, esdrújulas y sobresdrújulas. Cuando una vocal cerrada tónica se une con una vocal abierta, ya no hay que mirar nada más: es obligatoria la tilde.

Atendiendo a esta regla particular, así es como se dividen en sílabas palabras con secuencias de dos vocales como *raíz, oír, laúd* y *flúor:*

(10) ra·íz, o·ír, la·úd, flú·or

En los ejemplos de arriba lo que se rompe son diptongos, pero las mismas consideraciones valen para las secuencias de tres vocales. Si una de las vocales cerradas es tónica, el posible triptongo se disuelve y queda convertido en dos sílabas separadas, una con una sola vocal y otra con un diptongo:

(11) de·cí·ais

La presencia de la hache, como de costumbre, es indiferente para la aplicación de las reglas:

(12) bú·ho, a·hí

3. Las reglas particulares

Los otros tipos de hiato (dos vocales abiertas diferentes o dos vocales iguales) se tildan siguiendo las reglas generales. Es fácil de entender, por tanto, que no lleven tilde las siguientes palabras:

(13) ro·er (*palabra aguda terminada en* -r)

(14) a·te·o *(palabra llana terminada en vocal)*

En cambio, sí la llevan estas otras:

(15) pe·le·ó *(palabra aguda terminada en vocal)*

(16) Pe·lá·ez (*palabra llana terminada en* -z)

(17) es·pe·le·ó·lo·go, a·é·re·o *(palabras esdrújulas)*

Cuidado, porque la mayor parte de las faltas de acentuación en palabras que contienen secuencias de dos o tres vocales se producen por no realizar correctamente la división silábica, pues al final nos hacemos un lío entre diptongos *(pro·to·**zoi**·co, ar·te·**ria**)*, que computan como una sílaba, e hiatos, que han de contarse como dos *(o·**cé·a**·no, es·té·**re·o**)*. En el primer caso, las vocales están soldadas y funcionan como si fueran una sola. En el segundo, en cambio, están separadas y funcionan como vocales individuales pertenecientes a sílabas diferentes.

Los ejemplos de secuencias de dos vocales iguales que tienes al principio del apartado los dejo para que los mires y te los expliques tú mismo. Si has ido siguiendo la explicación, debería estar claro por qué *Rociito* se escribe sin tilde y el porqué de la alternancia entre *chiita* y *chií.*

☞ Y para terminar de aclararlo, haz el ejercicio 3 de la página 95.

3.3. Adverbios en *-mente*

La acentuación ortográfica de estos adverbios se rige por una regla particular:

Regla: Los adverbios en *-mente* se tildan igual que el adjetivo sobre el que están formados.

Es decir, si el adjetivo lleva tilde por sí solo, también la lleva el adverbio:

(18) *rá*pida > *rá*pidamente

Y si el adjetivo no la lleva, tampoco la lleva el adverbio (19):

(19) *ra*ra > *ra*ramente

Rápida es una palabra esdrújula. Como todas las palabras esdrújulas llevan tilde, el adverbio *rápidamente* hereda la tilde. En cambio, *rara* es una palabra llana terminada en vocal. No le corresponde llevar tilde, así que *raramente* se queda sin nada que heredar.

☞ Ahora lo que procede es ir a la página 95 para resolver allí el ejercicio 4. Una vez que esté solucionado eso, podremos pasar al siguiente capítulo.

4. La tilde diacrítica

4.1. Qué es la tilde diacrítica

La tilde diacrítica sirve para diferenciar pares de palabras que por lo demás se escriben igual. Esto es lo que ocurre con *de* (preposición) y *dé* (verbo) en los ejemplos (1) y (2):

(1) Me tomé un vaso *de* agua.

(2) Cuando el reloj *dé* las nueve, nos iremos.

No basta con que haya dos palabras que se escriban igual pero tengan significado diferente. Para que se eche mano de la tilde diacrítica, es necesario además que una sea tónica y la otra, átona. Por eso no la hay en el par *fue* del verbo *ser* (3) y *fue* del verbo *ir* (4), pues las dos tienen su propio acento prosódico:

(3) El descanso *fue* corto.

(4) Mariano *fue* a la playa.

La tilde diacrítica se emplea en tres ámbitos, a saber:

1. Ocho pares de monosílabos:

    a) *mí – mi:* pronombre frente a posesivo (apartado 4.2.1),

   b) *tú – tu:* pronombre frente a posesivo (4.2.2),
   c) *él – el:* pronombre frente a artículo (4.2.3),
   d) *sí – si:* pronombre o afirmación frente a conjunción (4.2.4),
   e) *té – te:* nombre de una planta o infusión frente a pronombre (4.2.5),
   f) *dé – de:* verbo frente a preposición (4.2.6),
   g) *sé – se:* verbo frente a pronombre, marca de impersonalidad, etc. (4.2.7),
   h) *más – mas:* comparativo frente a conjunción (4.2.8).

2. Ocho interrogativos y exclamativos:

   a) *qué* (apartado 4.3.1),
   b) *quién* (4.3.2),
   c) *cómo* (4.3.3),
   d) *cuánto* (4.3.4),
   e) *cuán* (4.3.5),
   f) *cuándo* (4.3.6),
   g) *dónde* (4.3.7),
   h) *cuál* (4.3.8).

3. El adverbio *aún/aun* (apartado 4.4).

La mayoría de las veces, el oído nos servirá de orientación para decidir cuándo se debe utilizar la tilde diacrítica, pero este sistema no es infalible. En los apartados siguientes iremos indicando cuál es la situación en cada caso.

Conviene aclarar que cuando no hay posibilidad de confusión porque no existe otra palabra que se escriba igual, tampoco hay posibilidad de utilizar la tilde diacrítica. Esto es lo que ocurre con el pronombre *ti* (apartado 5.9), que muchos escriben erróneamente con tilde por analogía con *mí* y *sí*.

4.2. Ocho pares de monosílabos

4.2.1. *Mí* y *mi*

Para distinguir *mí* y *mi* puedes guiarte por la gramática o por el oído. El *mí* con tilde es un pronombre personal que siempre va precedido por una preposición, mientras que su correlato sin acento ortográfico es un posesivo que, obligatoriamente, va seguido por un sustantivo:

(5) Pues *a mí* no me hace gracia.

(6) Es *mi esposa.*

Como puedes ver, el *mí* con tilde de (5) va introducido por la preposición *a.* También podemos encontrarnos combinaciones como *para mí, contra mí, sin mí, de mí,* etc. El de (6), por su parte, lleva detrás el sustantivo *esposa.* Cuidado: Este también puede llevar delante una preposición, pero lo reconocerás porque, a diferencia del primero, seguirá emparejado con un sustantivo: *de mi esposa, con mi esposa, ante mi esposa,* etc.

Si la diferencia entre la categoría de pronombre personal y la de posesivo no te saca de dudas, tendrás que fiarte de tu oído. Cuando pronunciamos estos monosílabos dentro de una oración, el que lleva la tilde es tónico; en cambio, el que no la lleva es átono. Si pruebas a leer en voz alta los dos ejemplos de arriba, oirás lo siguiente:

(7) [puesa*mí nó* me*á*ze *grá*zia]

(8) [*és* mies*pó*sa]

En (7), las palabras átonas *pues* y *a* se apoyan en el acento del *mí* pronombre para pronunciarse, mientras que en (8) es el *mi* posesivo el que necesita el acento del sustantivo *esposa.* Para percibir la diferencia es importante que pronunciemos el *mi/mí* en cuestión dentro de una cadena de palabras, como ya se explicó en el apartado 1.4.

Existe además un sustantivo *mi* que es el nombre de una nota musical y que se escribe sin tilde, pero la verdadera oposición es entre los dos que hemos comparado arriba. Este otro se escribe con poca frecuencia y no parece que dé lugar a confusión.

4.2.2. *Tú* y *tu*

La tilde diacrítica permite diferenciar en la escritura el *tú* pronombre personal y el *tu* posesivo. El primero, con tilde, puede funcionar como sujeto de una oración (9). Esa es su función más típica, pero no la única. En (10) es vocativo, o sea, sirve para llamar a alguien. En (11) va introducido por la preposición *según,* que es una de las que admite (la otra es *entre*).

(9) Cuando *tú* quieres, eres un estudiante modelo.

(10) ¡Eh, *tú*!

(11) ¿Tenían que pedirte perdón, según *tú*?

El segundo *tu* es un posesivo al que encontraremos acompañando a un sustantivo, como sucede en (12). En (13) se ha añadido un adjetivo entre el posesivo y el sustantivo, pero la relación con el sustantivo sigue siendo la misma:

(12) Venimos a ver *tu casa.*

(13) ¿Cuándo fue *tu último permiso*?

Si no queremos entrar en consideraciones gramaticales, es fácil distinguirlos de oído, tal como hemos visto en el apartado anterior.

4.2.3. *Él* y *el*

También se oponen en la escritura mediante una tilde diacrítica *él* y *el.* El primero es un pronombre personal. En los ejemplos siguientes lo encontramos acompañando a un verbo como sujeto de la oración (14), dependiendo de una preposición (15) y aislado como en (16), donde el verbo se sobrentiende:

(14) *Él* miró con ojitos pícaros.

(15) Vamos a reírnos un rato *con él.*

(16) Eso *él.* Yo no quiero saber nada.

El segundo *el,* por su parte, es un artículo. El caso más típico es el del artículo que precede a un sustantivo (17), aunque también puede introducir a otros elementos, como una oración subordinada (18):

(17) *El hijo* era un sinvergüenza.

(18) Te agradezco *el que hayas venido.*

Este caso también lo puedes resolver de oído.

4.2.4. *Sí* y *si*

La situación de *sí* y *si* es un poco más compleja. Existen dos *síes* diferentes que se escriben con tilde diacrítica y que se diferencian de esta manera de un tercer *si* sin tilde. El primero de los que se escriben con tilde es un pronombre reflexivo que resulta fácil de identificar porque siempre depende de una preposición:

(19) El sueldo no da más *de sí.*

Otras combinaciones frecuentes son *en sí, por sí, para sí,* etc. Este pronombre puede aparecer también acompañado del refuerzo *mismo,* como en la secuencia *a sí mismo:*

(20) Intentaba convencerse *a sí mismo* de que no tenía miedo.

El segundo es la afirmación *sí* (21), que técnicamente es un adverbio:

(21) *Sí,* me voy a casar con tu hija.

Este adverbio se puede sustantivar anteponiéndole un determinante *(el sí)*. Sigue escribiéndose entonces con acento. La más famosa de estas sustantivaciones es sin duda la que utilizó Leandro Fernández de Moratín en el título de una de sus obras:

(22) *El sí* de las niñas.

La contrapartida sin tilde tiene valor condicional. Es una conjunción que, como tal, introduce una oración.

(23) *Si vas a Pernambuco,* te llevarás una sorpresa.

Este otro *si* es átono. Lo que se pronuncia en la oración subordinada de (23) es esto:

(24) [si*bás* apernam*búko*]

Existe otro *si* sin tilde que es el nombre de una nota musical, pero lo que de verdad se intenta diferenciar con la tilde diacrítica es lo anterior. Por eso, este otro se ajusta simplemente a la regla que establece que los monosílabos no llevan tilde.

4.2.5. *Té* y *te*

Hay un *té* sustantivo que se escribe con tilde diacrítica como vemos en el ejemplo (25) y que se refiere a una planta o a la infusión que se elabora con esa planta.

(25) Fui a la cocina a preparar un *té.*

Atención: El plural *tés* mantiene la tilde:

(26) A mí me gusta probar todos los *tés.*

Frente al sustantivo, encontramos un *te* pronombre átono de segunda persona. Como su propio nombre indica, se pronuncia inacentuado. Esta es la forma que se escribe sin tilde:

(27) *Te* agradezco mucho tu visita.

Además existe el nombre de letra *te,* pero pocas veces tendremos ocasión de escribirlo. Lo que se trata de diferenciar son los dos casos anteriores. Este nombre de letra se escribe sin tilde.

4.2.6. *Dé* y *de*

Hay un *dé* que se escribe con tilde y puede corresponder a varias formas del verbo *dar:*

(28) Quieren que yo *dé* buen ejemplo.

(29) Vamos a esperar a que él *dé* señales de vida.

(30) Quiero que usted *dé* diez euros de donativo.

(31) *Dé* usted una ayuda a los pobres.

En el ejemplo (28) encontramos *yo dé,* o sea, la primera persona singular del presente de subjuntivo. En (29) tenemos *él dé,* es decir, la tercera persona singular del presente de subjuntivo; en (30), *usted dé,* que es la segunda persona singular de ese mismo tiempo y modo (nótese que se trata de la forma de respeto); y en (31), *dé usted,* que es nuevamente la forma de respeto, pero, esta vez, del imperativo. No es necesario que recuerdes todas estas formas. Se trata simplemente de que tengas claro que cualquier *dé* del verbo *dar* necesita la tilde diacrítica.

Frente al anterior, tenemos un *de* sin tilde que es una preposición. Veamos un ejemplo:

(32) Ya estoy harto *de* decirlo.

Como es de esperar, el que lleva tilde es el que se pronuncia tónico. Esto nos puede ayudar a identificarlo sin necesidad de entrar en disquisiciones gramaticales.

Por otra parte, existe un *de* sin tilde que es el nombre de la cuarta letra del alfabeto, pero que raramente se escribe.

4.2.7. *Sé* y *se*

Cuando se escribe con tilde, *sé* puede corresponder, o bien al verbo *ser* (33), o bien al verbo *saber* (34):

(33) ¡*Sé* fuerte, *sé* valiente!

(34) Solo *sé* que no *sé* nada.

En el ejemplo (33) encontramos la forma *sé (tú)* o, para decirlo en términos técnicos, la segunda persona singular del imperativo de *ser* en su forma de confianza. El ejemplo (34), por su parte, incluye la primera persona singular del presente de indicativo de *saber*[1] *(yo sé)*. Los dos ejemplos contienen por partida doble su forma verbal correspondiente, de modo que deberían ser, como mínimo, el doble de efectivos.

¿Y cuándo se escribe sin tilde? Muy fácil: Siempre que no sea un verbo. En ese caso, *se* es una partícula átona que acumula una

[1]El verbo *saber,* en su significado de ‹tener sabor›, se conjuga exactamente igual que cuando significa ‹tener conocimiento›. Se dice *Sé a sal,* o sea, ‹tengo sabor a sal›, aunque expresiones de este tipo son poco frecuentes.

diversidad de funciones. Por ejemplo, en (35) *se* es un pronombre. Se trata de una variante de *le(s)* que aparece cuando se le pospone otro pronombre átono: la secuencia *le lo das,* imposible en nuestra lengua, se convierte en *se lo das.* En (36) tenemos una marca de impersonalidad; y en (37), una marca de pasiva refleja:

(35) Este papel *se* lo das a ese señor.

(36) *Se* vivía bien en aquel pueblo.

(37) Allí *se* vendían helados de limón.

Los valores del *se* átono pueden llegar a ser enormemente complejos, pero lo único que necesitas recordar es esto: si es verbo, se escribe con tilde; si no, se escribe sin tilde. Así de sencillo.

4.2.8. *Más* y *mas*

Más se escribe con tilde diacrítica cuando tiene valor comparativo (38) o cuando expresa la idea de ‹suma› (39):

(38) Estás *más* guapa que nunca.

(39) Dos *más* dos son cuatro.

En cambio, se escribe sin tilde cuando funciona como conjunción adversativa (40). Reconoceremos este uso porque admite la sustitución por *pero* o, más raramente, por *sino.*

(40) Le ofrecieron casa y cena, mas no quiso aceptar.

Usos como los de (40) hoy son escasos. En cambio, los de (38) y (39) sí que tendremos ocasión de escribirlos a menudo.

En este caso no podemos fiarnos del oído porque el valor ejemplificado en (39) lleva tilde y, sin embargo, es átono. Lo que pronunciamos realmente es esto:

(41) [*dós* mas*dós són kuá*tro]

☞ Y ahora ha llegado el momento que tanto estabas esperando: vamos a hacer el ejercicio 1 de la página 96.

4.3. Ocho interrogativos y exclamativos

En estos ochos casos se marcan con tilde los usos interrogativos y exclamativos (que siempre son tónicos) y de esta manera se diferencian frente a los diversos valores que pueden corresponderles a esas mismas palabras cuando se escriben sin tilde. Las variantes sin tilde suelen ser átonas, aunque no siempre, por lo que será necesario ir repasando los casos uno a uno. Casi todos los interrogativos admiten la sustantivación anteponiendo un artículo (*el qué, el cuándo, el cómo,* etc.).

4.3.1. *Qué* y *que*

Cuando *qué* tiene valor interrogativo (42) o exclamativo (43), se escribe con tilde:

(42) ¿*Qué* mano oculta había urdido aquella conspiración?

(43) ¡*Qué* cosas se te ocurren!

Este *qué* acentuado también aparece en oraciones interrogativas (44) y exclamativas (45) indirectas:

(44) No sabemos *qué* es lo que quieren.

(45) Hay que ver *qué* buen gusto tiene tu hija.

Qué se puede sustantivar anteponiéndole un determinante (46). Mantiene entonces su tilde:

(46) Lo importante ahora es decidir sobre *el qué.*

La tilde de los ejemplos anteriores sirve para diferenciar los usos interrogativos y exclamativos frente a dos variantes átonas: el relativo *que* (47) y la conjunción *que* (48):

(47) Nunca te he hablado de la enfermedad *que* padezco.

(48) Decidió *que* se iría lo antes posible.

Hay un uso del *que* átono en el que tropiezan muchas personas al escribir: a menudo aparece encabezando un enunciado interrogativo o exclamativo sin ser él mismo ni lo uno ni lo otro. Es lo que sucede en (49) y (50):

(49) *¿Que* has perdido las llaves?

(50) *¡Que* se me quema la comida!

Es muy frecuente que aquí se deslice una tilde indebidamente. Para las oraciones interrogativas, podemos echar mano de un truco. Si se puede contestar a esa pregunta con *sí* o *no,* entonces el *que* en cuestión no lleva tilde:

(51) —¿Que has perdido las llaves? —Sí, las he perdido.

A veces nos toparemos con pares de oraciones en los que la presencia o ausencia de tilde puede dar lugar a contrastes de significado:

(52) No tengo *qué* comer.

(53) No tengo *que* comer.

La oración (52) significa ‹carezco de alimento›, mientras que (53) se interpreta como ‹no debo comer› o ‹no me conviene›.

El problema que plantea la tilde de *qué* es que para desenvolverse entre la diversidad de casos particulares son necesarios unos considerables conocimientos de gramática. Cuando dejemos de hacer pie, no nos quedará más remedio que aferrarnos al oído. Las formas con tilde son tónicas, mientras que los correlatos sin acento ortográfico son átonos. Ejemplos como (49) y (50) deberían ser fáciles de resolver si nos percatamos de que se pronuncian así:

(54) [¿ke*ás* per*dí*do las*llá*bes?]

(55) [¡kesemek*é*ma lako*mí*da!]

Compárese lo anterior con (56) y (57):

(56) [¿*ké ás* per*dí*do? ¿las*llá*bes?] (¿Qué has perdido? ¿Las llaves?)

(57) [¡*ké rrí*ka es*tá* lako*mí*da!] (¡Qué rica está la comida!)

Análogamente, el contraste entre (52) y (53) se resuelve así en la pronunciación:

(58) [*nó téngo ké* ko*mér*] (‹carezco de comida›)

(59) [*nó tén*go keko*mér*] (‹no debo comer›)

☞ El ejercicio 2 de la página 97 terminará de aclarar esta explicación.

4.3.2. *Quién* y *quien*

Quién y su forma plural *quiénes* se escriben con tilde cuando tienen función interrogativa (60) o exclamativa (61):

(60) ¿*Quién* dará cuerda a los relojes?

(61) ¡*Quién* lo diría!

Es fácil reconocerlos en esta función porque se pronuncian tónicos. También aparecen con tilde diacrítica y pronunciación tónica en las correspondientes oraciones indirectas de tipo interrogativo (62) y exclamativo (63):

(62) A nadie le cabía duda de *quiénes* eran los responsables.

(63) Hombre, mira *quién* ha llegado.

Se puede sustantivar *quién* anteponiéndole un determinante:

(64) Lo primero que hay que decidir es *el quién.*

Por lo demás, *quien* y *quienes* se escriben sin tilde cuando son átonos, como en (65) y (66):

(65) Hay personas con *quienes* no se puede razonar.

(66) *Quien* tiene alegría tiene lo principal.

Su función es entonces la de pronombre relativo.

No obstante, existe una expresión en la que, a pesar de pronunciarse tónico, ha de escribirse sin tilde: *cada quien,* que podemos parafrasear como ‹cada cual›:

(67) La vida de *cada quien* es asunto suyo.

En ocasiones, la presencia o ausencia de tilde puede dar lugar a contrastes de significado:

(68) Todavía me acuerdo de *quienes* me ayudaron.

(69) Todavía me acuerdo de *quiénes* me ayudaron.

El *quienes* de (68) es un pronombre relativo que se pronuncia átono. Podemos parafrasear la oración como *Todavía me acuerdo de las personas que me ayudaron.* En cambio, en (69) tenemos una oración interrogativa indirecta con un *quiénes* tónico. Viene a ser como decir: *Todavía recuerdo una cosa: quiénes me ayudaron.*

Salvo la excepción señalada en (67), nos encontramos ante uno de los casos de tilde diacrítica que podemos resolver de oído.

☞ Vamos a ver si esto está tan claro en la práctica como en la teoría. Ve a la página 98, resuelve el ejercicio 3 y después hablamos.

4.3.3. *Cómo y como*

Cómo se escribe con tilde siempre que es tónico. Esto sucede en todos sus usos interrogativos (70) y exclamativos (71):

(70) *¿Cómo* es que no vinisteis a la fiesta?

(71) Ay, *cómo* me duele...

Dentro de los usos interrogativos y exclamativos se encuentran, por supuesto, los indirectos:

(72) Tampoco entiendo *cómo* funciona la televisión.

(73) No sabes *cómo* me duele.

Cómo admite la sustantivación anteponiéndole un determinante:

(74) Tenemos que ponernos de acuerdo en *el cómo.*

Se escribe sin tilde cuando es átono, cualquiera que sea su función. Veamos un par de ejemplos:

(75) Cada cual pinta su casa *como* le parece.

(76) *Como* él es un adefesio, a todos los ve tan feos como él.

La alternancia entre la tilde y la ausencia de esta puede dar lugar a contrastes de significado:

(77) No hay como darse una ducha.

(78) No hay cómo darse una ducha.

Mientras que (77) se puede parafrasear como *No hay nada mejor que darse una ducha;* (78), en cambio, significa algo así como *No hay manera de darse una ducha* (digamos, por ejemplo, que porque no hay agua caliente).

El factor clave para decidir si se debe escribir *como* con o sin tilde es su tonicidad.

☞ Y ahora toca el ejercicio 4 de la página 98.

4.3.4. *Cuánto* y *cuanto*

Cuánto, cuánta, cuántos y *cuántas* se escriben con tilde diacrítica cuando tienen valor interrogativo (79) o exclamativo (80):

(79) Manolito, ¿*cuántos* días tiene la semana?

(80) ¡*Cuánta* sangre se ha vertido en las guerras!

Lo mismo es válido para oraciones interrogativas y exclamativas indirectas:

(81) No sé *cuánto* querrá cobrar.

(82) No te imaginas *cuánto* me alegro.

Cuánto se puede sustantivar anteponiéndole un artículo:

(83) Sabemos *el cuánto,* pero nos falta el cómo.

En todos los demás casos se escribe sin tilde, por ejemplo:

(84) Anotaba en una libreta *cuanto* oía.

(85) *Cuanto* más te esfuerzas, menos te lo agradecen.

(86) Pasé dos años sin más compañía que unos *cuantos* libros.

No siempre nos podremos guiar aquí por el oído, puesto que de los casos sin tilde unos son átonos (84, 85) y otros, tónicos (86).

☞ Te está esperando el ejercicio 5 en la página 99.

4.3.5. *Cuán* y *cuan*

Cuán es tónico y se escribe con tilde cuando tiene valor interrogativo (87) o exclamativo (88):

(87) ¿*Cuán* lejos se puede llegar en la vida?

(88) ¡*Cuán* triste era mi vida!

Esta forma ha caído en desuso en la lengua coloquial en España, pero no en otros países hispanohablantes. En la lengua culta mantiene cierta vigencia incluso en el español europeo.

Se escribe con tilde también cuando aparece en oraciones interrogativas (89) y exclamativas (90) indirectas:

(89) Se preguntaba *cuán* lejos se podía llegar.

(90) No sabéis *cuán* grande es vuestra suerte.

En todos los demás casos es palabra átona y se escribe sin tilde. Esta variante encuentra cierto uso en España en expresiones del tipo *cuan largo era:*

(91) Caí *cuan* largo era.

Podemos, por tanto, guiarnos por el oído.

☞ Comprueba cuán interesante es el ejercicio 6 de la página 100.

4.3.6. *Cuándo* y *cuando*

Cuándo se escribe con tilde siempre que tiene valor interrogativo (92) o exclamativo (93):

(92) ¿*Cuándo* vas a tener tiempo para tomar un café?

(93) ¡Ay, *cuándo* volveremos a vernos!

También hay tilde en las construcciones interrogativas indirectas[2]:

(94) Nunca sé *cuándo* hablas en serio.

Se puede sustantivar anteponiéndole un determinante:

(95) Me da igual *el cuándo,* lo que quiero es que se haga.

En todos estos casos, *cuándo* es tónico. Su contrapartida átona carece de valor interrogativo y exclamativo y se escribe sin tilde. Lo más habitual es que conserve el significado temporal como en (96), aunque en ocasiones puede ser incluso equivalente a la conjunción *si* (97):

(96) *Cuando* llegues, llama.

(97) No será tan bueno *cuando* no lo quieres para ti.

También se escribe sin tilde en locuciones como las de (98) y (99), donde no necesariamente se pronuncia átono (pero en ningún caso es interrogativo o exclamativo):

(98) *De cuando en cuando* se volvía y miraba hacia atrás.

(99) *Aun cuando* parezca imposible, debemos intentarlo.

Nótese que en (99) tenemos uno de los usos de *aun* sin tilde de los que nos ocuparemos en el apartado 4.4.

☞ Y ahora, para variar, un ejercicio: el 7 en la página 101.

[2]En teoría *cuándo* puede aparecer en oraciones exclamativas indirectas, pero en la práctica es raro que esto suceda.

4.3.7. *Dónde y donde*

Dónde es palabra tónica y recibe una tilde diacrítica cuando tiene valor interrogativo (100) o exclamativo (101). Esto afecta también a los casos en que se utiliza con preposición (*en dónde, de dónde,* etc.), lo que incluye, naturalmente, las diversas variantes de *adónde* en una o dos palabras:

(100) ¿Y tú *adónde* vas con ese ganso?

(101) ¡*A dónde* vamos a ir a parar!

Lo mismo vale para las oraciones interrogativas y exclamativas indirectas:

(102) Mi madre me preguntó de *dónde* venía.

(103) Hay que ver *dónde* ha roto los pantalones este chico.

Dónde se puede sustantivar anteponiéndole un determinante:

(104) Dejemos de lado *el dónde* y centrémonos en los plazos.

En cambio, *donde* se pronuncia átono y se escribe sin tilde en su uso como pronombre relativo, ya sea con antecedente expreso (105) o sin él (106):

(105) Se casaron en Tegucigalpa, de *donde* él era originario.

(106) Ella levantó la vista hacia *donde* yo estaba.

Podemos guiarnos por el oído.

☞ También podemos (y debemos) hacer el ejercicio 8 de la página 101.

4.3.8. *Cuál* y *cual*

Cuál (con su plural *cuáles*) se escribe con tilde cuando tiene valor interrogativo (107) o exclamativo (108):

(107) ¿*Cuáles* son las causas de esta situación?

(108) ¡A *cuál* de los dos! ¡Tener que elegir! ¡Qué barbaridad!

También lleva tilde en oraciones interrogativas indirectas:

(109) Ya veremos *cuáles* son sus intenciones.

(110) Es difícil explicar *cuál* no sería mi sorpresa.

Se escribe sin tilde en los restantes casos. Normalmente funcionará como pronombre relativo. Presenta aquí una particularidad que lo diferencia de otros dobletes análogos como *quién/quien, cuánto/cuanto,* etc.: es palabra tónica. Esto podría representar una dificultad. Sin embargo, no lo es tanto si tenemos en cuenta que siempre aparecerá entonces precedido del artículo: *el cual, la cual, lo cual, los cuales* y *las cuales*:

(111) Sentí quebrarse el hielo sobre *el cual* me movía.

(112) Levantó la cortina tras *la cual* se ocultaba el intruso.

Por tanto, basta con que recordemos que esta palabra nunca se tilda cuando lleva un artículo delante.

Existen ciertas expresiones fijas en las que se escribe sin tilde por carecer de valor interrogativo o exclamativo, concretamente: *cada cual* (113), *que si tal, que si cual* (114), *tal cual* (115), *tal para cual* (116), *un tal y un cual* (117):

(113) *Cada cual* hace las cosas a su manera.

(114) No empieces otra vez *que si tal que si cual*.

(115) Yo quería conservar su habitación *tal cual*.

(116) Tú y yo somos *tal para cual*.

(117) Empezó a decirle que era *un tal y un cual*.

Tampoco se tilda cuando se puede sustituir por *como:*

(118) Paseaban *cual* princesas a la orilla del mar.

En este último uso se pronuncia átono.

☞ Vamos a hacer el último ejercicio de esta serie, el 9 de la página 102, pero antes conviene resumir todo lo anterior y además es fácil hacerlo: de todos estos pares de palabras se tildan los que tienen valor interrogativo o exclamativo.

4.4. *Aún* y *aun*

Aún se escribe con tilde cuando se puede sustituir por *todavía*:

(119) Aún no sé cuándo llegaré.

O sea:

(120) Todavía no sé cuándo llegaré.

En cambio, se escribe sin tilde cuando se puede sustituir por *incluso* (o, más raramente, por *siquiera*).

(121) *Aun* con menos crecimiento, crearemos empleo.

(122) *Incluso* con menos crecimiento...

(123) Eres un sinvergüenza. *Aun así* eres mi hijo y te quiero.

(124) *Incluso* así eres mi hijo y te quiero.

(125) Ningún hombre es intachable, *ni aun* los santos.

(126) *Ni siquiera* los santos

Un error muy común consiste en poner tilde a *aun* en las expresiones *aun así* y *ni aun,* pero *aun así* se puede sustituir por *incluso así* (124) y *ni aun* se puede sustituir por *ni siquiera* (126).

Una expresión especial es *aun cuando,* que equivale a *aunque.* Tampoco en este caso hay acento gráfico.

(127) El amor nos une, *aun cuando* sea pasajeramente.

(128) *Aunque* sea pasajeramente.

☞ Resuelve el ejercicio 10 de la página 103. Ya es el último de la tilde diacrítica.

4.5. Casos obsoletos

En la última versión de las reglas se han suprimido tres casos de tilde diacrítica: la que se le añadía a la conjunción *o* cuando esta se escribía entre cifras, la del adverbio *solo* y la de los pronombres demostrativos. La única que constituye realmente una novedad es la primera. Las posibilidades de uso de las otras dos habían quedado tan restringidas desde 1999 que en la práctica eran contadas las ocasiones en que tenía sentido utilizarlas.

4.5.1. Ya no se acentúa la conjunción *o*

Las antiguas reglas de acentuación establecían que cuando la conjunción *o* aparecía entre cifras llevaba una tilde. A partir de ahora, en cambio, debemos escribir *2 o 3* sin acento ortográfico.

Hay dos motivos que han llevado a jubilar esta vieja tilde. En primer lugar, se ha tenido en cuenta un principio general que regula el uso del acento ortográfico: solo las palabras tónicas son susceptibles de llevar tilde. Sucede, sin embargo, que la conjunción *o* es átona. En consecuencia, acentuarla en secuencias como ~~1 ó 2~~ rompía este principio e iba contra la economía del sistema.

En segundo lugar, en los textos impresos o electrónicos actuales la tipografía es lo suficientemente clara como para evitar confusiones. Incluso en manuscritos basta con esmerarse un poco para que los espacios en blanco dejen claro cómo se ha de leer el texto.

Además, desde un punto de vista comparativo se puede señalar que en italiano no existe nada parecido a esa tilde diacrítica y en catalán tampoco. En estas dos lenguas románicas, esa conjunción es una simple *o,* como en castellano, sin que hasta la fecha se haya producido ninguna catástrofe por confundir *2 o 3* con *203.*

Por otra parte, la antigua norma daba pie a que muchas personas, por hipercorrección, se empeñaran en poner la tilde también cuando las cantidades estaban escritas en letra: ~~*dos ó tres.*~~ Incluso había quien, aplicando una especie de acentuación preventiva, escribía ~~*sopa ó ensalada.*~~

4.5.2. *Solo* tampoco se acentúa

Solo ya no se tilda. Es indiferente si se trata de un adverbio o de un adjetivo. *Solo* no lleva tilde, insisto.

Existía una antigua regla por la que se podía utilizar la tilde para evitar posibles ambigüedades. Quien esté empeñado en ello puede seguir aplicándola, pero se desaconseja. La tienes explicada abajo, pero te adentras en ese territorio bajo tu propia responsabilidad. Puede dar pie a errores. Luego no digas que no te lo advirtieron.

Versión antigua de las reglas de acentuación de *solo*

En el 95 % de los casos lo correcto es escribir *solo* sin tilde. Ya en 1999, esta palabra pasó a acentuarse según las normas generales. Es decir, no lleva tilde por ser una palabra llana acabada en vocal. Hay una excepción, pero para explicarla antes tenemos que aclarar que hay dos *solos* diferentes.

El primero es un adjetivo y nunca se acentúa:

Mariano se quedó solo (‹sin compañía›).

El segundo es un adverbio que equivale a *solamente:*

Solo tengo 50 euros para llegar a fin de mes.

Antes era obligatorio acentuar el segundo. Desde 1999, ya tampoco se acentúa.

¿Y cuál es la excepción? Es obligatorio acentuar *solo* en su uso adverbial cuando el no hacerlo da lugar a ambigüedad, por ejemplo:

Ramiro sólo fue capaz de hacer una pizza.

Ramiro solo fue capaz de hacer una pizza.

Estas dos oraciones se pueden parafrasear así:

> Ramiro solamente fue capaz de hacer una pizza.
>
> Ramiro fue capaz de hacer una pizza él solito.

Pero es que en estos casos lo mejor es no depender de una simple tilde. Lo que hay que hacer es redactar de forma más clara, como en las dos paráfrasis de arriba.

Así que, como norma general, escribir *solo* con tilde *solo puede servir para meter la pata.*

4.5.3. No se tildan los demostrativos

Los demostrativos no se tildan. Con las antiguas reglas de acentuación se podía emplear el acento ortográfico para deshacer algunos casos de ambigüedad. Al igual que en el caso de *solo,* si alguien le tiene mucho apego a esa vieja norma, la puede seguir utilizando, pero se desaconseja (y por buenos motivos). Tienes explicada abajo la versión antigua a título meramente informativo.

Versión antigua de las reglas de acentuación de los demostrativos

En la inmensa mayoría de los casos lo correcto es escribir los demostrativos sin tilde.

En español tenemos tres series de demostrativos:

> Este – esta – esto – estos – estas
>
> Ese – esa – eso – esos – esas
>
> Aquel – aquella – aquello – aquellos – aquellas

4.5. Casos obsoletos

Los demostrativos pueden funcionar como adjetivos o como pronombres. Cuando funcionan como adjetivos, modifican a un sustantivo:

> Quiero esa camisa.

Nunca se acentúan ortográficamente en este uso.

Cuando son pronombres, desempeñan la función de un nombre o, para ser más exactos, de un sintagma nominal completo:

> Quiero esa.

Cuando funcionan como pronombres, algunos de ellos (no todos) puede ser obligatorio acentuarlos (en la práctica, casi nunca). Para empezar, nunca llevan tilde las formas neutras *esto – eso – aquello.*

¿Por qué? La tilde diacrítica está ahí para que no confundamos palabras diferentes que se escriben igual. Nunca puede haber confusión con las formas neutras porque solo pueden ser pronombres. Podemos escribir *Esto es increíble.* Lo que no podemos hacer nunca es combinar esa forma del demostrativo con un nombre: ~~*esto árbol*~~.

El resto de las formas pronominales solo es obligatorio acentuarlas si se puedan confundir con la forma adjetiva y dar lugar a interpretaciones erróneas, por ejemplo:

> a. Matilde dejó a ese tonto.
>
> b. Matilde dejó a ése tonto.

La tilde nos indica que tenemos que interpretarlas así, respectivamente:

> a'. Matilde abandonó a ese tonto.
>
> b'. A ese Matilde lo dejó tonto.

Hasta aquí, en teoría, todo está muy bien. En la práctica, lo que hay que hacer es redactar de forma más clara. Las oraciones a y b tenemos que leerlas dos veces para enterarnos de lo que nos están diciendo. En cambio, a' y b' se entienden a la primera.

No hay más casos obligatorios. Cuando los demostrativos se utilizan como pronombres sin dar lugar a ambigüedad, el acento es facultativo, es decir, queda a nuestro criterio el ponerlo. Sin embargo, es preferible no hacerlo. Cuando hay dos posibilidades correctas, y una es más sencilla, se prefiere la sencilla.

En resumen, si tenemos una tilde en un demostrativo, hay que leer otra vez esa oración. Si la tilde no es obligatoria, es mejor quitarla; y si lo es, es mejor rehacer la oración.

Y con esto hemos acabado con la tilde diacrítica. ¿A que no era para tanto?

5. Algunos casos específicos

5.1. No llevan tilde *guion, truhan* y similares

Con la última versión de las reglas se deja de acentuar gráficamente un puñado de palabras que tradicionalmente tenían tilde, como *guion, truhan, Sion, ion* y las formas verbales *(yo) hui, fie, lie, (él) rio, lio, (vosotros) riais,* etc.

En realidad, la novedad no es tanta. Ya desde 1999 se aceptaba la doble grafía, con y sin tilde, para todas estas palabras. El único cambio es que esa tilde, que antes era facultativa, se elimina definitivamente.

Lo que se busca con esto es ganar en regularidad. La acentuación de estas palabras constituía una anomalía, puesto que ortográficamente se deben considerar monosílabas con independencia de que unos hablantes pronuncien [guion] (en una sílaba) y otros [gui·on] (en dos).

Las reglas de acentuación se basan en convenciones que se apartan a veces de lo que efectivamente se pronuncia. Si no nos extraña que *hola* se escriba con hache, tampoco nos debería sorprender que, ortográficamente, consideremos *guion* monosílabo (de hecho, lo es para muchos hispanohablantes).

La convención general de la que se deriva la falta de tilde es que, como hemos visto en el apartado 3.2.1, cuando se unen una vocal abierta y una cerrada o dos vocales cerradas diferentes, tenemos un diptongo. La presencia de una hache, como en *truhan,* es indiferente.

Si aplicamos de forma coherente esta convención, nos encontramos con que estas palabras son monosílabas. Y, como sabemos, los monosílabos no se acentúan (apartado 3.1).

Al eliminar el curioso privilegio de que gozaban estos monosílabos, se consigue regularizar el conjunto, con lo que sale beneficiado el principio de economía aunque pueda quedar maltrecha la costumbre. Nada es gratis en esta vida.

☞ Este puede ser un buen momento para comprobar si hemos asimilado qué es y qué no es un monosílabo. Haz el ejercicio 1 de la página 104. Servirá como repaso de diptongos, triptongos e hiatos.

5.2. LAS MAYÚSCULAS SE ACENTÚAN

Circula por ahí la especie de que las mayúsculas no llevan tilde. No es cierto. LAS MAYÚSCULAS SE ACENTÚAN. Nunca ha existido una excepción a este respecto.

5.3. Palabras compuestas

La acentuación gráfica de las palabras compuestas se rige por las reglas generales, pero no está de más una breve explicación.

5.3.1. Compuestos enlazados con guion

Cuando los elementos de un compuesto se enlazan con guion, nos encontramos ante palabras independientes desde el punto de vista del acento ortográfico. Cada una de ellas se tildará o no dependiendo de sus características individuales:

(1) Étnico-religioso, hispano-marroquí, teórico-práctico

En (1) encontramos palabras que se tildan por ser esdrújulas *(étnico, teórico, práctico)* o por ser agudas terminadas en vocal *(marroquí)* o, sencillamente, que no necesitan tilde. Esto no precisa de mayores consideraciones.

5.3.2. Compuestos fusionados en una sola palabra

Más interesante es el caso de los compuestos que se fusionan en una sola palabra, por ejemplo:

(2) decimoprimero

(3) pasapurés, abrefácil, espantapájaros

(4) pinchaúvas, puntapié

Esto tiene consecuencias en cuanto a las reglas de acentuación, que solo se aplican al elemento final del compuesto. Si el elemento inicial tuviera tilde como palabra independiente, la pierde. Es como si dejara de existir a efectos de acentuación. Tenemos una muestra en *decimoprimero.* El ordinal *décimo* lleva tilde cuando se escribe aislado, pero la pierde al integrarse en compuestos como *decimoprimero, decimosegundo, decimotercero,* etc. Esto es lógico, pues de lo contrario nos podríamos topar con palabras que acumularan dos tildes.

El elemento final, por su parte, mantiene la tilde que pudiera tener como palabra independiente, como vemos en *pasapurés, abrefácil* y *espantapájaros;* pero también puede añadir una de la que carecía, ya que cambian sus circunstancias ortográficas. Por ejemplo, *uvas* se escribe sin acento, pero en el compuesto *pinchaúvas* su vocal inicial entra en contacto con la final de *pincha,* por lo que tiene que seguir las reglas de acentuación de los hiatos (apartado 3.2.3). El sustantivo *pie* se escribe sin acento por ser un monosílabo, pero *puntapié* es una palabra aguda trisílaba terminada en vocal.

Los ejemplos anteriores son todos ellos de compuestos formados por dos elementos. No son muy frecuentes, pero existen, los que contienen tres. Sigue valiendo para estos que solo se puede acentuar gráficamente, si es que le corresponde, el último, como ocurre o deja de ocurrir, respectivamente, en (5) y (6):

(5) otorrinolaringólogo

(6) esternocleidomastoideo

☞ Practiquemos todo esto con el ejercicio 2 de la página 104.

5.4. Verbos con pronombres enclíticos

Cuando un verbo se fusiona en la escritura con un pronombre, la forma resultante se tilda siguiendo las reglas generales. Esto es lo que les sucede a los imperativos (7), gerundios (8) e infinitivos

(9) a los que se les agrega al final un pronombre átono (o sea, uno de los denominados pronombres enclíticos):

(7) llamadla, cállate, bébetelo, recogédmelo, esperémonos

(8) fatigándose, recordándonoslos

(9) recuperarse, olvidársete

Estos compuestos verbales se tildan de acuerdo con las reglas generales, lo que puede dar lugar a cambios en comparación con el verbo aislado. No hay alteración en *llamad-llamadla* o *recuperar-recuperarse;* pero sí en las restantes palabras de (7), (8) y (9), que añaden una tilde de la que carecía la forma verbal aislada (elimina tú mismo los pronombres personales y comprobarás que esto es así).

También puede ocurrir lo contrario, es decir, que al añadir el pronombre se pierda una tilde que tenía el verbo por sí solo. Eso es lo que les ha pasado a estas dos formas:

(10) estate, deme

El imperativo de *estar* lleva tilde cuando se escribe solo *(está),* pero esta desaparece cuando se le añade un pronombre enclítico porque se convierte entonces en una palabra llana terminada en vocal: *estate.* Más curioso es el caso del imperativo de *dar (dé),* que lleva una tilde diacrítica cuando se escribe aislado, pero tiene que renunciar a ella cuando le añadimos un pronombre porque a partir de ese momento ya hay que tratarlo como a cualquier palabra llana terminada en vocal: *deme, dele, dese.*

Como puedes ver por los ejemplos de arriba, la tilde (si es que aparece) solo puede ir en el verbo. En ningún caso se puede tildar el pronombre.

☞ También para esto tenemos un ejercicio: el número 3 de la página 105.

5.5. Abreviaturas

La acentuación ortográfica de las abreviaturas es bastante lógica: se conserva la tilde que pudiera tener la palabra completa, siempre que la abreviatura mantenga esa vocal:

(11) González y Cía.

(12) Miguel Ángel Sánchez firmaba como Miguel Á. Sánchez.

Compañía se abrevia arriba en *Cía.* Como la i forma parte de la abreviatura, mantenemos su tilde. Lo mismo ocurre con las letras mayúsculas, pues, como ya hemos dicho (apartado 5.2), las mayúsculas se acentúan. En (12) tenemos un ejemplo. El nombre *Ángel* se escribe con tilde. Su abreviatura es *Á.*

Si la vocal tildada se pierde al abreviar, la tilde desaparece con ella[1]. Por ejemplo, *véase* se abrevia en *v.*, pero ahí no hay ningún lugar donde poner la tilde.

---

[1]No hay que confundir las abreviaturas con los símbolos alfabetizables. Estos últimos son internacionales y casi siempre los crea algún organismo normalizador. Se escriben siempre sin punto y sin tilde de ningún tipo. Los principales son los que se refieren a unidades de medida *(km, l)*, unidades monetarias *(USD, EUR)*, puntos cardinales *(N, S, E, O)* y elementos químicos (como los que aparecen en H_2O).

5.6. Los nombres propios de persona

5.6.1. Nombres castellanos

Los nombres castellanos se tildan siguiendo las normas generales. Esto incluye tanto a los nombres de pila como a los apellidos:

(13) Ramón

(14) Gutiérrez

(15) Águeda

(16) Cejador, Macario

(17) Luis, Ruiz

(18) Pío, Saúl

Así, *Ramón* (13) tiene acento ortográfico por ser palabra aguda terminada en ene, *Gutiérrez* (14) lo tiene por ser palabra llana terminada en zeta y *Águeda* (15) por ser esdrújula. En cambio, *Cejador* y *Macario* (16) no se acentúan por no responder a ninguno de los casos previstos para las palabras agudas y llanas. *Luis* o *Ruiz* (17) no se acentúan por ser monosílabos, pero sí *Pío* o *Saúl* (18), pues el acento recae en la vocal cerrada de un hiato.

La obligación de seguir las reglas de acentuación se extiende incluso a ciertas grafías arcaizantes en que la i griega retiene el valor vocálico que antiguamente podía tener en la escritura:

(19) Laýnez, Ýñiguez

Cuando dos nombres se fusionan gráficamente en una sola palabra, tan solo recibe acento ortográfico el segundo elemento del compuesto —si es que le corresponde—. Se sigue aquí lo previsto para la acentuación de las palabras compuestas (apartado 5.3):

(20) Josemaría

Así, *Josemaría* tiene una sola tilde a pesar de que en la versión en dos palabras *José María* cada nombre tenga la suya.

☞ Todo esto lo vamos a practicar resoviendo el ejercicio 4 de la página 106.

5.6.2. Nombres extranjeros

Para los nombres extranjeros se mantiene la ortografía de la lengua de origen, lo que incluye los acentos:

(21) António Lobo Antunes

(22) Rainer Maria Rilke

Así, aunque *Antonio* no tenga tilde en español, escribimos *António Lobo Antunes* (21) porque en portugués este nombre sí que la tiene; y aunque *María* la tenga que llevar en nuestra lengua, esto no es aplicable al nombre alemán *Rainer Maria Rilke* (22). Otra cosa sería que se tradujera el nombre. Habría que volver entonces a las reglas generales de acentuación.

Cuando los nombres son transliteración de otros alfabetos o sistemas de escritura, la acentuación gráfica se rige por las reglas españolas:

(23) Borís Fiódorovich Godunov

En (23) tenemos dos palabras agudas (*Borís* y *Godunov*) y otra sobresdrújula (*Fiódorovich*). La grafía española permite reflejar la acentuación que tiene este nombre en ruso, lengua que, como es sabido, se escribe con el alfabeto cirílico.

5.6.3. Nombres catalanes, euskeras y gallegos

Para los nombres catalanes, euskeras y gallegos, lo que procede es mantener la grafía propia de estas lenguas, a no ser que los interesados sientan el nombre como integrado en castellano. Así, nos podemos encontrar con variantes como las siguientes:

(24) Palau, Bernabeu

(25) Paláu, Bernabéu

Los ejemplos de (24) se escriben sin tilde porque se trata de apellidos catalanes tal cual. En cambio, los de (25) se tildan porque han sido castellanizados y se tratan como palabras agudas terminadas en vocal. Si en estos dos casos se añade una tilde en la castellanización, lo contrario ocurre con el nombre catalán *Núria,* que la pierde para quedar en *Nuria.*

5.7. Palabras de origen extranjero

Las diferentes fases por las que van pasando las palabras extranjeras una vez que se incorporan al español tienen su reflejo en la acentuación ortográfica.

En un primer momento, son extranjerismos crudos que se han de escribir en cursiva (o entre comillas si estamos escribiendo a mano). En esta fase se conserva exactamente la ortografía de la lengua de origen. No cabe la opción, por tanto, de tildar según nuestras propias reglas. Veamos un ejemplo:

(26) Una nueva *tablet* saldrá a la venta en noviembre.

Tablet es una palabra llana terminada en te, pero por su condición de anglicismo recién introducido en castellano, no se tilda.

Cuando las palabras llevan un tiempo en circulación, se va perdiendo poco a poco la conciencia de su origen extranjero. Cada vez van estando más integradas en nuestra lengua y esto se nota también en la ortografía, que se va adaptando a la de cualquier palabra castellana. Se empiezan entonces a acentuar siguiendo las reglas generales, como los dos ejemplos siguientes, que presentan, respectivamente, un menor y un mayor grado de adaptación ortográfica:

(27) Acapulco ha registrado un *récord* de visitantes.

(28) Necesitamos un experto en *márquetin.*

La adaptación ortográfica de *récord* es incompleta en comparación con la de *márquetin.* En la segunda se ha sustituido la ka del original inglés *(marketing)* por una cu y se ha simplificado la doble consonante final. En *récord,* en cambio, se mantiene la grafía inglesa sin más modificación que el añadido de la tilde. No es raro que diferentes préstamos presenten diferentes soluciones en cuanto a su adaptación ortográfica, como acabamos de comprobar, e incluso que coexistan grafías diferentes para una misma palabra, como ocurre con *marketing, márketing* y *márquetin,* que conviven con la castellanización *mercadotecnia.*

☞ Vamos a hacer un pequeño ejercicio: el número 5 de la página 107.

5.8. Palabras y expresiones latinas

Las palabras latinas que son de uso corriente en castellano se acentúan siguiendo las reglas generales. He aquí algunos ejemplos:

(29) tedeum

(30) referéndum, superávit

(31) currículum, déficit

En (29) tenemos una palabra que no recibe tilde por ser aguda terminada en *-m*. En (30) aparecen palabras llanas que necesitan tilde por su terminación y en (31) encontramos una serie de esdrújulas que, como tales, no queda más remedio que tildar. Estas palabras se tratan a todos los efectos ortográficos como cualquier palabra castellana.

En cambio, cuando lo que tenemos no son palabras aisladas, sino secuencias de dos o más palabras, la norma es mantener la grafía original; es decir, se escriben sin tilde, ya que esta no existía en latín[2]. Además se deben señalar con cursiva o, si estamos escribiendo a mano, entrecomillándolas:

[2]Esta es una de las novedades que ha introducido la *Ortografía de la lengua española* de 2010. Hasta ahora, las Academias habían sido más bien partidarias de castellanizar la acentuación ortográfica de estas secuencias, por lo que no debes extrañarte si encuentras esa solución en algún texto.

(32) Envíenos su *curriculum vitae.*

(33) Se celebrará un funeral *corpore insepulto.*

(34) Dicen que Poe murió de *delirium tremens.*

☞ Sí, lo has adivinado: ahora viene un ejercicio; concretamente, el 6 de la página 107.

5.9. *Ti* se escribe sin tilde

Ti se escribe sin tilde. Siempre. Sin excepciones.

Este pronombre forma parte de una serie:

(35) mí – ti – sí

Como hemos visto en los apartados 4.2.1 y 4.2.4, los pronombres *mí* y *sí* se escriben con tilde diacrítica para evitar confusiones con palabras que tienen la misma grafía:

(36) Lo quiero para *mí*/Lo quiero para *mi* casa

(37) Lo hizo por *sí* mismo/Lo hizo por *si* había problemas

En cambio, con *ti* no hay posibilidad de confusión porque hay uno solo. En realidad, la serie tiene este aspecto:

mi – mí

ti –

si – sí

Por eso se sigue la norma general de acentuación, que dice que los monosílabos se escriben sin tilde (apartado 3.1).

☞ Y llegados aquí, hemos terminado de estudiar las reglas y de resolver los ejercicios... bueno, los ejercicios particulares. Ahora lo que procede es resolver los ejercicios de repaso general que encontrarás en el capítulo 7 (páginas 111 y siguientes). Con esto tienes tarea para unas cuantas sesiones. Cuando hayas terminado, sabrás todo lo que necesitas saber para acentuar. Enhorabuena.

Parte II.

Ejercicios

6. Ejercicios específicos

6.1. Ejercicios sobre nociones básicas

1. Señala la sílaba tónica en las siguientes palabras. Las tildes se han omitido para no hacerlo demasiado fácil.

    a) parte
    b) cereza
    c) parasol
    d) joven
    e) reloj
    f) jugabamos
    g) esdrujula
    h) cafe
    i) cantidad
    j) examen
    k) estrategia
    l) jovenes
    m) queso
    n) sabor
    ñ) ojo
    o) extraordinario
    p) triceps
    q) balon
    r) cantidades
    s) examenes

    ☞ Comprueba las soluciones en la página 125.

2. Lee en voz alta las siguientes oraciones y a continuación subraya las palabras tónicas.

    a) Te tengo dicho que no vuelvas tú solo a estas horas.

    b) Cuando tengas tiempo, ven a recoger un sobre que tengo aquí para ti.

c) Nunca digas de esta agua no beberé.

d) Aquel es el colegio donde estudié de pequeño.

e) ¡Pero qué locuelo!

f) Dice que andes lo que andes no te andes por los Andes.

g) Nuestro líder avanzaba con decisión aunque no supiera adónde iba.

h) Yo me compré un todoterreno rojo para llevar a los niños al colegio.

i) Haz bien los ejercicios de palabras tónicas y palabras átonas.

j) Una cosa es lo que se escribe y otra lo que se pronuncia.

☞ Tienes las soluciones en la página 126.

6.2. Ejercicios sobre reglas generales

1. Vamos a ocuparnos ahora de la acentuación de las palabras agudas. Simplemente tienes que poner tilde en las palabras que la necesiten.

a) cafe
b) coliflor
c) cajon
d) regaliz
e) coñac
f) canapes
g) coñacs
h) sofa
i) convoy
j) almacen

☞ Ve ahora a la página 127 a ver qué tal te ha salido.

2. Con este ejercicio practicamos la acentuación de las palabras llanas. Tienes que poner la tilde donde sea necesaria. Tan fácil como eso. Bueno, ya veremos si es tan fácil.

   a) debil
   b) toro
   c) flamencos
   d) joquey
   e) comic
   f) triceps
   g) joven
   h) comics
   i) latex
   j) accesit

   ☞ Corrígelo en la página 128.

3. Otro ejercicio de nivel básico, esta vez para palabras esdrújulas y sobresdrújulas. Tienes que indicar cuáles de las siguientes palabras son esdrújulas y cuáles son sobresdrújulas y poner la tilde donde pertenezca.

   a) brujula
   b) jovenes
   c) quitenmelos
   d) especimen
   e) examenes
   f) pongansemelas
   g) especimenes
   h) languido
   i) tecnicas
   j) gaznapiro

   ☞ Las soluciones están en la página 128.

6.3. Ejercicios sobre reglas particulares

1. Las palabras en cursiva contienen diptongos. Tienes que decidir cuáles necesitan tilde. La tilde no siempre recaerá en el diptongo, aunque este puede influir en el cómputo silábico y, por tanto, ser importante para la acentuación.

a) *Cuidate* cuando vayas a *Bahrein* con los *camiones.* Es más peligroso que transportar *murcielagos* con fines *terapeuticos* a *Taipei.*

b) El *jesuita* nos avisó en tono *jesuitico:* cuando *huis* de mí con actitud *ruin,* no por ello *rehuis* el castigo *perpetuo.*

c) Ya sé que vosotros *teneis* fe en él, pero yo siempre *desconfie* de aquel *ventrilocuo viudo.*

d) *Replieguense* con sus compañeros de *division* hasta más allá del montículo donde se acumula el *residuo caustico.*

☞ Ve a la página 129 y comprueba las soluciones.

2. Las palabras resaltadas en cursiva contienen triptongos. Decide si esas palabras necesitan tilde.

a) No *renuncieis* a vuestros derechos aunque viváis de limpiar *vieiras opioides.*

b) Quiero que *averigüeis* si *acentuais* porque conocéis las reglas o si simplemente os *guiais* por el oído.

c) Desde que trabajas en el sector *halieutico,* tenemos el patio lleno de gatos diciendo *marramiau.*

d) Mientras vosotros *limpiais,* Nepomuceno se pavonea como si fuera el *tuautem* del grupo.

☞ Las soluciones te están esperando en la página 129. Si alguna palabra no te resulta conocida, no sé a qué estás esperando para buscarla en el diccionario.

3. En este ejercicio vamos a marcar la división silábica de las palabras que están en cursiva y les vamos a poner tilde cuando sea necesario.

   a) Si te lo digo yo, *creeme*.

   b) Tienes que trabajar con más *ahinco*.

   c) No te quedes ahí mirando con cara de *protozoo*.

   d) Tu hijo me ha desplumado jugando al póker. Está hecho un *tahur*.

   e) *Aporree* la puerta con todas mis fuerzas hasta que me abrieron.

   f) Se está formando *moho* en el sótano.

   g) La bestezuela *pataleo* hasta que le compraron el helado que quería.

   h) Antes de hablar siempre *releo* mis notas.

   i) Tengo un catarro de *aupa*.

   j) Me ha mandado el médico que *pasee* una hora por las tardes.

   ☞ ¡A la página 129!

4. Tienes que decidir si es necesaria la tilde en los adverbios que encontrarás destacados en cursiva.

   a) Entiendo *perfectamente* cuál es tu situación.

   b) Ven para acá lo más *rapidamente* posible.

   c) Mi amigo visitaba *asiduamente* aquel café.

d) Esto es lo que *comunmente* se denomina una birria.

e) Este ejercicio lo resuelvo yo *facilmente.*

f) *Actualmente* me interesan sobre todo los adverbios en -mente.

g) Nos vamos incorporando a todo *tardiamente.*

h) Nos saludó *cortesmente* quitándose el sombrero.

i) Todo terminó *felizmente.*

j) Has quedado *feamente* con esa contestación.

☞ Página 130.

6.4. Ejercicios sobre tilde diacrítica

1. Coloca tilde en las palabras que la necesiten.

a) Solo el sabe lo que tiene en la cabeza.

b) Pues si que te lo he advertido alguna que otra vez.

c) Yo no quiero mas que 15 o 16 galletas.

d) No se si mi hermano va a venir esta tarde.

e) Tu vete con estos a dar una vuelta, que yo me quedo en casa ensayando el *do, re, mi, fa, sol, la, si.*

f) Dile a Ramirito que le de la mitad a su hermana.

g) Ese es el amigo con el que suele tomar el te por las tardes.

h) Para mi que esta aventura nos ha de costar cara, mas no he de ser yo quien quede por cobarde.

i) Aquel es para ti (el que va marcado con la letra te).

j) Tu sobrino se ha divertido mucho probando todos los tes.

☞ Corrígelo en la página 130.

2. Vamos a practicar la diferencia entre *qué* y *que*. Tienes que poner tilde en las palabras resaltadas en cursiva cuando sea necesario. ¿Es posible en algún caso escribir la misma oración con o sin tilde diacrítica? ¿Se produce entonces alguna diferencia de significado?

   a) ¡*Que* me dejes en paz!

   b) Este es el libro *que* andaba yo buscando.

   c) Ese señor de ahí enfrente no tiene *que* beber.

   d) ¿*Que* quieres que hagamos con el gato de porcelana?

   e) Sé *que* todo esto está siendo muy difícil para ti.

   f) ¿*Que* si vendemos pianos de cola? No, oiga, me parece que se está equivocando.

   g) Hay que ver *que* descarado es este niño...

   h) No sé *que* vamos a hacer.

   i) ¡Pero *que* bien se está aquí!

   j) Lo que le importa a este filósofo es el *que* o, para decirlo con otras palabras, el ser intrínseco de la cuestión.

☞ Soluciones: página 131.

3. Tienes que poner tilde en las palabras en cursiva cuando sea necesario. ¿Hay algún caso en que se pueda escribir *quien* tanto con tilde como sin ella? ¿Se modifica de alguna forma el significado?

   a) Es con tus padres con *quienes* tienes que hablar.

   b) Ya sabes lo que dice el refrán: «Dime con *quien* andas...».

   c) ¡Mira *quienes* han venido a verte!

   d) No estoy dispuesto a entrar a discutir ahora sobre el *quien*. Hay otras decisiones que son prioritarias.

   e) ¿Con *quien* ibas cuando te vi ayer por la tarde?

   f) *Quien* lo diría... con lo buen chico que parecía.

   g) Y de pronto me soltó muy alterada: «¡*Quien* bien te quiere te hará llorar!».

   h) Cada *quien* es cada cual y baja las escaleras como quiere.

   i) Solo le importa *quien* tiene dinero.

   j) Haz el bien y no mires a *quien*.

   ☞ Ve a la página 132.

4. Ahora toca la diferencia entre *cómo* y *como*. Tienes que poner tilde donde sea necesario e indicar si hay alguna oración en la que sea posible la doble grafía con tilde y sin tilde (de ser así, explica además si se produce alguna diferencia de significado).

a) Mira, *como* no me apetece discutir, lo vamos a dejar así.

b) ¡*Como* sigas portándote mal, te quedas castigado!

c) Tenemos que averiguar *como* se hace la tortilla de patatas sin patatas.

d) Lo importante ahora no es el *como*. De lo que se trata es de saber adónde queremos llegar.

e) No hay *como* librarse para siempre del jefe.

f) Desde luego... *como* estáis disfrutando...

g) Te ofrecemos una tarifa para que hables *como*, cuando y donde quieras.

h) ¿Y *como* quieres que lo sepa si no me lo dices?

i) Se ha quedado *como* tonto.

j) No hay nada *como* unos buenos ejercicios si quieres aprender a acentuar.

☞ Pásate por la página 132 a comprobar las soluciones.

5. Ahora, *cuánto* y *cuanto*. Venga, que vamos por buen camino.

a) Lo que menos importa es el *cuanto*. Tenemos dinero.

b) *Cuanto* más me esfuerzo, peores resultados consigo.

c) ¡Pero *cuanto* cretino anda suelto!

d) Voy a comerme unas *cuantas* barras de pan.

e) A la abuela le interesa todo *cuanto* pasa en el mundo.

f) ¿*Cuantos* ejercicios de tilde diacrítica vamos a tener que hacer todavía?

g) ¡Llámame en *cuanto* llegues!

h) Necesito que me digas *cuanta* agua hay que echar para cocer el arroz.

i) Había conseguido su objetivo, pero con *cuantas* dificultades...

j) Imagínate *cuantos* viajes podríamos hacer con todo ese dinero.

☞ ¡A la página 133!

6. *Cuán* y *cuan* también merecen su ejercicio.

a) Se quedó tirado en el suelo *cuan* largo era.

b) Y yo que creía que eras una buena persona... *Cuan* grande era mi error.

c) Luchó *cuan* denodadamente es posible imaginar.

d) El escarmiento que les dio fue tan duro *cuan* merecido.

e) Si supieras *cuan* vívidos son los recuerdos que despierta en mí este aroma de morcilla...

f) Aquella empresa era tan descabellada *cuan* es posible concebir.

g) ¡*Cuan* amarga es la derrota!

h) Decidme: ¿*cuan* lejos se halla la ciudad de Cíbola?

i) Era tan bienintencionado *cuan* incompetente.

j) Es increíble *cuan* arraigado se encuentra este error.

☞ Para las soluciones nos vamos a la página 133.

7. *Cuándo* y *cuando.* Ya falta menos.

a) No me ha dicho *cuando* piensa llegar.

b) Me gusta hacer ejercicios de acentuación de *cuando* en *cuando.*

c) ¡Ay, *cuando* se lo diga a tu madre!

d) Mira, ha aparecido una espada láser de *cuando* eras pequeño.

e) ¿*Cuando* puedo pasar a recoger el coche?

f) No dejes de llamar *cuando* llegues.

g) En toda estrategia resulta fundamental determinar con exactitud el *cuando.*

h) ¿Desde *cuando* llevas el pelo violeta?

i) Aun *cuando* sea posible que se estrelle un asteroide contra la Tierra, hay que reconocer que esto no es demasiado probable.

j) *Cuando* él lo hace así, sus razones tendrá.

☞ Soluciones: página 134.

8. *Dónde* y *donde.*

a) ¡*Donde* las dan, las toman!

b) Ramiro, hijo, estés *donde* estés, sobre todo no vuelvas.

c) No me puedo creer *donde* había escondido el tesoro tu padre.

d) ¿*Donde* tú vives también existe la tortilla de patatas?

e) Señora, ¿*donde* le dejo el piano de cola?

f) Él intentó explicarnos por *donde* se iba al museo, pero al final acabamos en el pueblo de al lado.

g) ¡*Donde* vamos a ir a parar!

h) ¿Pero *adonde* vas con ese libro? ¿No estarás pensando en leerlo?

i) Esta es la habitación *donde* hago todos los días mis ejercicios de ortografía.

j) Lo importante es vivir a gusto, el *donde* ya es secundario.

☞ Soluciones en la página 134.

9. Vamos a practicar la diferencia entre *cuál* y *cual,* lo que, naturalmente, incluye los plurales *cuáles* y *cuales.*

a) ¿Con *cuales* nos quedamos?

b) Justiniano y Teodora son tal para *cual.*

c) El sueldo se va a mantener tal *cual* durante el próximo año.

d) Se ha hallado por fin la pistola con la *cual* se efectuaron los disparos.

e) *Cual* no sería mi sorpresa cuando me encontré con Juan de Capadocia.

f) Se paseaba *cual* Sisí emperatriz a la orilla del Danubio.

g) Hay que decidir *cual* va a ser el ganador.

h) Cada *cual* debe tomar sus decisiones por sí mismo.

i) Necesito que me aclaren *cual* de ustedes va a hacer el trabajo.

j) No me empieces otra vez con que si Belisario es un tal y un *cual*.

☞ Soluciones: página 134.

10. Decide si es necesario tildar *aun* en las siguientes oraciones.

a) Tengo que confesar que *aun* no domino las reglas de acentuación.

b) *Aun* no se ven resultados, pero es necesario perseverar.

c) La policía ha presentado datos concluyentes. *Aun* así los acusados mantienen la misma defensa.

d) No se sorprendió ni *aun* cuando el zombi le pidió fuego.

e) Ni *aun* muerto conseguirán acallar su voz.

f) *Aun* hay esperanza.

g) No lo he leído *aun*.

h) Ni *aun* así te saldrás con la tuya.

i) Tienes que hacerlo mejor *aun*.

j) No quiere que lo despierten *aun* cuando se produzca una emergencia.

☞ Las soluciones están en la página 134. Con esto hemos despachado la tilde diacrítica y no nos ha pasado nada. ¿O sí nos ha pasado?

6.5. Ejercicios sobre casos específicos

1. Tienes que decidir cuáles de las palabras destacadas en cursiva son monosílabas y cuáles no, marcar la separación silábica y, en su caso, poner la tilde.

   Fernando VII se *lio* dos cigarrillos como solía (uno con cada mano). Cuando *vio* a Calomarde que pasaba por *ahi,* le gritó: «¿Qué te parece cómo los *lio*?». A Calomarde le entró la risa floja y tanto se *rio* que casi se *meo.* El rey le dijo: «¿Pero de qué te *reias* que casi te *meas*?». Él, por decir algo, contestó: «No, si es que tengo vista de *buho*». El otro, que era Borbón, le soltó: «*¡Miau!* A mí me vas a venir con esas, *truhan...*» y se *fue* a una audiencia que tenía con un embajador *chii* que le *traia* un mensaje del sultán. Dijo entonces Calomarde para sus adentros: «Sí, sí, pero yo nunca *hui* ante Napoleón y en cambio a *ti,* bien que te *vi* que *huias*». Este hecho quedó registrado para que las futuras generaciones lo *leais* (pero tampoco os *fieis* demasiado del historiador).

   ☞ Ahora puedes corregirlo en la página 135.

2. A ver qué ocurre con los compuestos. Tienes que colocar tilde en las palabras en cursiva cuando sea necesario.

a) Te tengo dicho que no uses la cizalla de *cortauñas.*

b) —¿Usted es *otorrinolaringologo*? —Sí, señor. —Pues a ver si me mira el *esternocleidomastoideo.*

c) He terminado la carrera en *decimocuarta* posición.

d) *Asimismo,* impulsaremos decididamente las relaciones *tartaro-cataries.*

e) Otra vez tuvo que hablar el *sabelotodo.*

f) —Mamá, mamá, móntame en el *tiovivo.* —No, a ver si vas a tener un accidente *cerebrovascular.*

g) Vamos a ir a cazar *ciempies* a *mediodia* y después a jugar al *balompie* e incluso al *balonvolea.*

h) ¿No te das cuenta de que cuando te quedas *boquiabierto* eres el *hazmerreir*?

i) Podíamos organizar una tertulia *artistico-literaria* o algo por el estilo.

j) ¿Tú crees que tendrás bastante con *veintiuna* o *veintidos* chuletas de cerdo?

☞ Comprueba las soluciones: página 136.

3. ¿Necesitan tilde las formas verbales en cursiva?

a) *Dimelo* a la cara si te atreves.

b) *Escondeoslos* bien para que nadie os los vea.

c) No sea así. *Dele* usted el tambor al chico.

d) Pero mira que *romperseles* la cuerda cuando ya casi estaban abajo...

e) ¡*Estate* quieto!

f) ¿Adónde van con esos zapatos llenos de barro? ¡*Quitensemelos* antes de entrar!

g) Esto ya es el *acabose*.

h) La leche me gusta *beberla* fría.

i) *Habiendosenos* comunicado la desestimación de nuestra solicitud, hemos decidido interponer recurso.

j) *Detengamonos* aquí un momento.

☞ Compara ahora tus soluciones con las que figuran en la página 136.

4. Pon tilde en los nombres que la necesiten.

a) Miriam
b) Herraez
c) Gil
d) Chavez
e) Yñigo
f) Herranz
g) Chaves
h) Luis
i) Sanz
j) Diez
k) Pi
l) Vasquez
m) Llorens
n) Blazquez
ñ) Ruiz
o) Godoy
p) Pereyra
q) Saiz
r) Sanjuan
s) Sainz
t) Ortiz
u) Baez
v) Isaac
w) Juan
x) Guirao

☞ Encontrarás todos estos nombres de pila y apellidos debidamente acentuados en la página 137.

5. En las líneas siguientes se destaca en cursiva una serie de préstamos que siguen las reglas de acentuación del español. Decide cuáles tienen que llevar tilde.

   a) El *broker* se apuntó a *badminton* y *aerobic* para poder seguir comiendo *kebabs* dobles.

   b) *Milord,* ¿desea *ketchup* en su *sandwich*?

   c) Este *western* ha batido el *record* de todos los *records* de taquilla en la historia de los *westerns.* Es buenísimo. No hay más que ver el *trailer.*

   d) He tomado un vuelo *charter* para ir a ver un espectáculo *folk* de *varietes,* aunque también me podría haber descargado el *videoclip* con el *modem.*

   e) El principal *handicap* del candidato republicano era que se paseaba *kebab* en mano por los *caucus.*

   ☞ Lo corregimos en la página 137.

6. Las palabras y expresiones latinas también nos pueden hacer pensar un poco. Tienes que colocar tilde (o no) en las que aparecen destacadas en cursiva.

   a) Puede usted enviarnos su *curriculum,* que nosotros ya lo archivaremos debidamente.

   b) El Instituto Geográfico Nacional va a elaborar un nuevo *nomenclator* empezando desde cero.

   c) —¿Quieres que vayamos a escuchar un *tedeum* a la basílica de san Cucufato? —Sabes que me aburren soberanamente los *tedeums.*

d) El funeral *corpore insepulto* se celebrará el martes 13 a las 13:00.

e) En cuanto llega la primavera, sufre un aumento de la *libido* que le dura hasta finales del invierno.

f) Sabes que no me gustan los *ultimatums*.

g) La *alma mater* es la universidad.

h) Primero vamos a anunciar los *accesits* y después daremos el nombre del ganador en cada categoría.

i) Estoy leyendo una novela histórica sobre el *dux* de Venecia.

j) Para mañana tenéis que traer estudiados los *pluralia tantum*.

k) Vamos, di algo, que parece que hay que sacarte las palabras con *forceps*.

l) ¿Te acuerdas de cuando todos los años teníamos *superavit*?

m) El último grito en cirugía estética son las operaciones de reducción de *cortex* cerebral.

n) Por favor, ¿me puede decir dónde está la parada del *omnibus*?

ñ) El acto se cerrará con un *requiem* en honor de las víctimas.

o) Estamos esperando el *placet* del gobierno bielorruso al nuevo embajador.

☞ Las soluciones están en la página 137. Algunas de las palabras y expresiones anteriores probablemente son candidatas a que las busques en un buen diccionario. Con esto acabamos los ejercicios específicos, pero nos queda por delante un buen número de ejercicios más generales que no solo nos van a servir para repasar, sino que también nos van a presentar dificultades que solo se manifiestan cuando se contempla el sistema en su conjunto y se tiene oportunidad de observar cómo interaccionan unas reglas con otras. Por eso, no debes dejar de resolverlos.

7. Ejercicios de repaso general

Con estos ejercicios vamos a proceder de manera algo diferente a los anteriores porque son más globales. Debes resolver cada bloque de ejercicios completo antes de acudir a las soluciones. Por eso, verás que únicamente se te remite a ellas al final de cada sección. Tampoco tendrás una valoración numérica al final. De lo que se trata es de que aprecies en conjunto cuál es tu conocimiento y dónde están tus lagunas. Llegado el caso, puede ser conveniente que repases los apartados teóricos necesarios. Si al principio te parecen fáciles, espera y verás.

7.1. Vamos a ver si entendemos el sistema

El objetivo de las preguntas que encontrarás a continuación no es constatar si conoces de memoria un puñado de conceptos, sino comprobar si comprendes los entresijos del sistema de acentuación y si eres capaz de reflexionar sobre este.

1. ¿Cuál es la diferencia entre el acento prosódico y el acento ortográfico?

2. ¿Es cierta la afirmación de que todas las palabras tienen acento, pero no todas tienen tilde?

3. ¿Puede tener más de una tilde una palabra? ¿Y más de un acento prosódico?

4. Indica pares de palabras cuya pronunciación solo se diferencie por la posición del acento. ¿Se te ocurre además alguna terna de este tipo?

5. Con las normas actuales, ha quedado definitivamente eliminada la tilde de palabras como *guion, hui* y *fie,* que antes era facultativa. ¿Cuál es la base de esta decisión? ¿Por qué resulta coherente?

6. ¿Qué es lo que lleva a tantas personas a tildar *ti*?

7. La tilde diacrítica se utiliza para diferenciar en la escritura *dé* (del verbo *dar*) y *de* (preposición). ¿Por qué no se hace lo mismo con *di* (del verbo *dar: Yo di diez euros*) y *di* (de *decir: Di la verdad*) o con *fue* (de *ser: El abuelo fue picador*) y *fue* (de *ir: El abuelo fue a la mina*)?

☞ Soluciones: página 141.

7.2. Unos facilitos

Estos ejercicios son de un nivel básico. Cualquiera que tenga un mínimo conocimiento de las reglas de acentuación debería estar en condiciones de resolverlos (y si no lo estás, deberías preocuparte).

1. Indica cuál es la sílaba tónica de las siguientes palabras y si son agudas, llanas, esdrújulas o sobresdrújulas:

a) tomate
b) tómate
c) tómatelo
d) anticonstitucional
e) camino
f) caracteres
g) consola

2. Coloca la tilde en las palabras que la necesiten:

a) chimpance
b) master
c) jovenes
d) camion
e) primer
f) esdrujula
g) examenes
h) referendum
i) tenis
j) duodecimo
k) sofa
l) roja
m) ardor
n) alheli
ñ) mendigo
o) cañon
p) canon
q) parasol
r) comic
s) deficit
t) Jerico
u) virus
v) Martinez
w) Gonzales

3. ¿Es correcta la tilde de las siguientes palabras? ¿Por qué?

a) Exámen, *b*) camiónes, *c*) jóven

4. Coloca la tilde en las palabras que la necesiten en las siguientes oraciones:

a) Juan contemplo aquella tragica lucha.

b) ¡Hombre de poca fe!

c) En una gondola del mar Adriatico, un gallo lugubre se aparecio.

d) Tu primo Hector es un inutil.

e) Mariano compro un arbol en Avila.

5. ¿Es correcta la acentuación gráfica de las siguientes palabras? ¿Por qué?

 a) Acabè

 b) ATENCION: AQUI VIVIO JOSE MARTI

☞ Soluciones: página 144.

7.3. Unos ni fáciles ni difíciles

Estos ejercicios corresponden a lo mínimo que debería uno saber para desenvolverse en una acentuación básica.

1. ¿Cuántas sílabas tiene *viudo*? ¿E *incluido*? ¿Y *desvaído*? Indica cuál es la separación silábica correcta a efectos de acentuación ortográfica para estas palabras.

2. ¿Están correctamente colocadas las tildes que aparecen en las siguientes oraciones? Explica por qué.

 a) ¿Cúantos sois en clase?

 b) Yo, lo que digaís vosotros.

 c) Esta carta es para tí.

 d) Y ésta es para tu hermano.

 e) Ten fé.

 f) Quiero un café sólo.

g) Sólo quiero un café.

h) Se te van a taponar las artérias.

i) Hemos quedado décimoprimeros de un total de diez.

j) No se prevén grandes cambios en las temperaturas.

k) No es plata sinó lata.

l) Asímismo, le rogamos que haga efectivo el pago.

m) De primero tiene sopa ó gazpacho.

n) Desayuno: 3 ó 4 galletas.

3. ¿Es correcta la acentuación gráfica de estos dos nombres? Explica por qué en cada caso.

   a) Luís, *b*) Ruiz

4. ¿Por qué se tilda *rápidamente,* pero no *pausadamente*?

5. ¿Por qué no se tilda *incluido*?

6. Coloca las tildes que sean necesarias en las siguientes oraciones. Explica por qué las has colocado e indica la separación silábica de esas palabras:

   a) Tuvo una intoxicacion de fluor y vio un buho tocando el laud.

   b) Pelaez me ha enviado un espeleologo ateo por correo aereo.

   c) «¡Rediez! ¡Lealo de una vez!», dijo indignado el cuaquero al jesuita en una pausa del partido de beisbol.

d) Tome este bastoncillo y metasemelo en el oido levantandose la oreja entre pulgar e indice; pero tenga cuidado, no se me atraviese el timpano.

☞ Soluciones: página 146.

7.4. Unos tirando a difíciles

Estos ya van siendo más duros de roer.

1. ¿Es correcta la acentuación ortográfica de estas palabras? Explica por qué y señala la división silábica.

   a) tiíto
   b) lingüísta
   c) lingüística
   d) léelo tú
   e) chiita
   f) chií

2. ¿Es correcta la acentuación ortográfica de estas palabras? Explica por qué.

   a) truhán
   b) él rió
   c) bonsái
   d) yo hui

3. ¿Es correcta la acentuación de estos apellidos? Explica por qué en cada caso y marca la división silábica.

   a) Sáinz
   b) Sáez
   c) Arnáiz
   d) Sáenz

4. *Paraguay* y *Camagüey* se escriben sin tilde, pero ¿por qué? ¿Cuántas sílabas tienen estas palabras? ¿Qué ocurre con *Taipéi*?

5. Abajo tienes destacado en cursiva el apellido de un escritor español. Tiene la peculiaridad de que termina en dos oes. El acento prosódico recae en la primera de las dos. Teniendo esto en cuenta, ¿es correcto dejarlo sin tilde? Justifica tu respuesta.

   Benito Jerónimo *Feijoo*

6. ¿Por qué se acentúan ortográficamente *digáis* y *hacéis,* pero no *riais* y *lieis*? ¿Cuántas sílabas tiene *riais*? ¿Y *reíais*? Esta última palabra ¿es aguda, llana o esdrújula?

7. Coloca las tildes que sean necesarias en las oraciones que aparecen a continuación:

   a) ¡Que cuando va a venir tu madre!

   b) ¡Quien calcula compra en Sepu!

   c) Cuantos tes diferentes y a mi solo me gusta el cafe.

   d) Si, puede que el no de mas de si.

   e) Solo se que se a queso (dijo una patata frita).

   f) Aun asi, nunca esta de mas que sonriais.

☞ Soluciones: página 151.

7.5. Estos son para empollones[1]

Se acabaron las contemplaciones. Ha llegado el momento de demostrar si sabes lo que hay que saber.

1. ¿Están correctamente acentuadas las siguientes palabras? ¿Qué regla se les aplica?

   a) bíceps

   b) récord

   c) récords

   d) afrikáans

2. ¿Por qué se tildan *marramiáu* y *tuáutem*?

3. Observa las palabras de abajo. ¿Están correctamente acentuadas? ¿Por qué? Ten en cuenta que *c*) es palabra llana.

   a) paypáy, *b*) samurái, *c*) yoquey

4. El apellido *Bernabéu* unas veces se encuentra escrito con tilde y otras sin ella. ¿Son correctas las dos posibilidades? ¿Es correcta una sola de ellas? ¿Qué explicación le podrías dar a esa alternancia?

5. ¿Se puede tildar una i griega, tal como se hace en los siguientes apellidos?

   a) Laýna, *b*) Ýñiguez

6. En las siguientes oraciones hay algunas palabras en cursiva. Coloca la tilde en las que la necesiten. ¿Hay algún caso en

[1]Un empollón es en España alguien que empolla, es decir, que estudia mucho. Sus compañeros en otros países son el traga, el mateo, el matado, el cerebrito, el estofón, el nerdo, etc.

el que sea posible la escritura con tilde y sin ella? ¿Da lugar a algún contraste de significado o es indiferente?

a) Dionisio no tiene *que* beber.

b) *Cual* no sería mi sorpresa *cuando* salió un ornitorrinco del ascensor.

c) Cada *quien* es cada *cual.*

d) Susana pensó en *quienes* la amaban.

e) Todo depende de *como* lo hagas.

f) Mis alumnos estudiaban muy de *cuando* en *cuando.*

g) Gástate los cuartos *donde, cuando* y *como* quieras.

h) Desde luego, ¡*donde* has ido a aparcar el vehículo lunar!

i) Ni *que* decir tiene que estáis invitados.

j) Se puso como un basilisco diciéndome que era un tal y un *cual.*

7. ¿Está correctamente empleada la tilde en las siguientes oraciones? ¿Por qué?

a) Yo me quedo en el solárium.

b) En Suiza se celebran muchos referéndums.

c) «Álea jacta est», dijo alegremente Julito.

☞ Soluciones: página 156.

7.6. Una de ejercicios variados

En los ejercicios anteriores hemos reflexionado sobre las reglas de acentuación. Ahora toca simplemente aplicarlas. Tienes que colocar (o quitar) tildes sin pararte a justificar nada.

1. Coloca la tilde en las palabras que la necesiten:

    a) aguila
    b) ponselo
    c) catamaran
    d) mendigo
    e) consola
    f) efluvios
    g) caracter
    h) caracteres
    i) regimen
    j) regimenes
    k) (él) preve
    l) ion
    m) torax
    n) decimocuarto
    ñ) comics
    o) enraizado
    p) raices
    q) enraiza
    r) melifluo
    s) jesuita
    t) peleais
    u) peleeis
    v) candidamente
    w) fe
    x) asimismo
    y) friais
    z) camion
    aa) camiones
    ab) demuestraselo
    ac) oigamoslos

2. Acentúa ortográficamente las siguientes oraciones:

    a) Espero que el jefe me de unos diitas mas de vacaciones.
    b) Llevese dos o tres camisas de esas.
    c) Esta es para ti y aquella para el.

   d) Aun asi, no te des por vencido.

   e) Solo se que no se nada.

   f) Solo quiero que me digas si si o si no, o, de lo contrario, que esperas que hagamos.

   g) ¿Como dice? ¿Que si acaso me se la sinfonia en si menor? Claro que si, si que me la se.

   h) Dejame de deficits y superavits, que a mi solo me interesa el habitat de ciertos especimenes de ñandu.

3. Elimina las tildes que sean incorrectas:

   a) Habíamos concluído los exámenes de las oposiciónes siendo aún relativamente jóvenes.

   b) No sólo quiero que no os fiéis, sinó que no os resfriéis.

   c) No enviéis ultimátums alegremente a Herráiz.

   d) En mi sueño yo era un gorrión, peró me desperté en cuánto pié.

   e) ¡Qué le digo que se tiene que identificar con el carné!

   f) «Sí, si ya sé qué sólo beberán té ó café», dijo para sí.

4. En el siguiente texto faltan todas las tildes. Están esperando a que las pongas:

   Nuestra asociacion se habia convencido a si misma de que batiriamos todos los records en las competiciones de eslalon, pero las dificultades comenzaron desde el mismisimo momento en que subimos con nuestro lider y guru a aquel flamante autobus con motor diesel. Apenas habiamos recorrido veintiun kilometros ¡cuando nos quedamos sin gasoleo en mitad de la autovia! Aun siendo el mas destacado equipo de nuestro barrio, nadie previo cuan complicadas resultarian las cosas en el ambito internacional. Perdimos los esquies y acabamos alquilandoselos a unos señores chiies que pasaban por ahi. Los suecos nos dieron una paliza y los suizos, para que contar. Oscar («Osquitar») Pelaez se fracturo el femur y el coccix y hubo que tratarselos con codeina. El climax se alcanzo cuando los espectadores empezaron a gritar: «¡Que los metan en la carcel!». Si alguna vez esperais cosechar un triunfo en eslalones o similares, no olvideis que no es lo mismo entrenar asiduamente sobre el cesped de casa siguiendo un guion que enfrentarse a un danes, a un leton o incluso al campeon de Roterdam.

☞ Soluciones: página 160.

Parte III.

Soluciones

8. Soluciones a los ejercicios específicos

8.1. Soluciones: Nociones básicas

1. Destaco la sílaba tónica subrayándola. Cuando es necesario, añado además la tilde. Cada respuesta vale 0,5 puntos, pero solo nos importa la sílaba tónica, de momento vamos a hacer caso omiso de la tilde. Ya habrá tiempo de ocuparse de esa cuestión.

    a) parte
    b) cereza
    c) parasol
    d) joven
    e) reloj
    f) jugábamos
    g) esdrújula
    h) café
    i) cantidad
    j) examen
    k) estrategia
    l) jóvenes
    m) queso
    n) sabor
    ñ) ojo
    o) extraordinario
    p) tríceps
    q) balón
    r) cantidades
    s) exámenes

2. A continuación encontrarás subrayadas las palabras tónicas. Solamente comento las más importantes. El ejercicio

contiene en total cien palabras y la nota máxima es diez, por lo que deberás descontar 0,1 puntos por cada palabra tónica o átona que hayas errado.

a) Te tengo dicho que no vuelvas tú solo a estas horas. [El pronombre *te* pertenece a la categoría de los pronombres átonos. *Tengo* y *dicho* son verbos, por lo que son tónicos. La conjunción *que* es átona. *No* es un adverbio, por lo que se pronuncia con su propio acento. *Solo* es un adjetivo, o sea, pertenece a una de las clases de palabras típicamente tónicas. Los demostrativos, como *estas,* son tónicos. *Horas,* como buen sustantivo que es, se pronuncia tónico].

b) Cuando tengas tiempo, ven a recoger un sobre que tengo aquí para ti. [*Cuando* es átono lo mismo si funciona como conjunción que si funciona como relativo. *Un* es un indefinido y estos son tónicos. *Que* es aquí un pronombre relativo, por lo que es átono. *Ti,* aunque se escribe sin tilde, es un pronombre término de preposición y estos son siempre tónicos].

c) Nunca digas de esta agua no beberé. [La única palabra átona de esta oración es la preposición *de.* Todas las demás tienen su propio acento prosódico].

d) Aquel es el colegio donde estudié de pequeño. [*Aquel* es un demostrativo y estos son tónicos también cuando funcionan como pronombres, como en este caso. *Es* se pronuncia tónico como cualquier otro verbo. *Donde* es aquí un relativo que se pronuncia átono].

e) ¡Pero qué locuelo! [Los exclamativos como *qué* se pronuncian tónicos].

f) Dice que andes lo que andes, no te andes por los Andes.

g) Nuestro líder avanzaba con decisión aunque no supiera adónde iba. [Los posesivos son átonos, por lo que *nuestro* se pronuncia sin acento propio].

h) Yo me compré un todoterreno rojo para llevar a los niños al colegio. [Los pronombres personales en función de sujeto, como *yo,* son tónicos].

i) Haz bien los ejercicios de palabras tónicas y palabras átonas. [La conjunción *y,* naturalmente, es átona].

j) Una cosa es lo que se escribe y otra lo que se pronuncia.

8.2. Soluciones: Reglas generales

1. Por cada respuesta que hayas resuelto correctamente en este ejercicio debes anotarte un punto.

   a) ca*fé*
   b) coliflor
   c) ca*jón*
   d) regaliz
   e) coñac
   f) cana*pés*
   g) coñacs
   h) so*fá*
   i) convoy
   j) alma*cén*

   Nota: Aunque lo pudiera parecer, en la palabra *i*) no hay diptongo. Recuerda que la i griega la estamos tratando como consonante en todos los casos.

2. Cada respuesta correcta vale un punto.

a) *dé*bil	*f*) *trí*ceps
b) toro	*g*) joven
c) flamencos	*h*) *có*mics
d) *jó*quey	*i*) *lá*tex
e) *có*mic	*j*) ac*cé*sit

Notas: En la última sílaba de la palabra *d*) no hay diptongo porque la i griega se considera consonante a efectos de ortografía. La palabra *j*), *accésit,* nunca es esdrújula.

3. Cada respuesta correcta equivale a un punto.

a) *brú*jula [esdrújula]

b) *jó*venes [esdrújula]

c) *quí*tenmelos [sobresdrújula]

d) es*pé*cimen [esdrújula; esta es la única acentuación correcta: *espécimen* nunca es palabra llana]

e) e*xá*menes [esdrújula]

f) *pón*gansemelas [sobresdrújula]

g) espe*cí*menes [esdrújula; el acento de esta palabra cambia de sílaba en el plural]

h) *lán*guido [esdrújula]

i) *téc*nicas [esdrújula]

j) gaz*ná*piro [esdrújula]

8.3. Soluciones: Reglas particulares

1. Cada palabra vale 0,5 puntos. Para considerarla correcta, debe estar bien no solo la tilde, sino también su posición.

   a) *Cuí*date, Bah*réin,* camiones, murc*ié*lagos, tera*péu*ticos, Tai*péi*

   b) jesuita, je*suí*tico, huis, ruin, re*huís,* perpetuo

   c) te*néis,* descon*fié,* ven*trí*locuo, viudo

   d) Re*plié*guense, divi*sión,* residuo, *cáus*tico

2. Cada palabra vale un punto. Para que sea correcta, no solo tiene que estar bien la tilde, sino también su posición.

   a) renun*ciéis,* vieiras, opioides

   b) averi*güéis,* acen*tuáis,* guiais

   c) ha*liéu*tico, marra*miáu*

   d) lim*piáis, tuáu*tem

3. Para cada palabra, la división en sílabas vale 0,5 puntos y la acentuación otros 0,5.

   a) cré·e·me
   b) a·hín·co
   c) pro·to·zo·o
   d) ta·húr
   e) A·po·rre·é
   f) mo·ho
   g) pa·ta·le·ó
   h) re·le·o
   i) a·ú·pa
   j) pa·se·e

4. La regla para la acentuación ortográfica de los adverbios en -*mente* está clara: se mantiene la ortografía del adjetivo

sobre el que están construidos. Sin embargo, no está de más el ejercicio porque, al fin y al cabo, se produce un cambio de grafía y esto puede despistarnos. Cada respuesta vale un punto.

a) perfectamente
b) *rá*pidamente
c) asiduamente
d) co*mún*mente
e) *fá*cilmente
f) Actualmente
g) tar*dí*amente
h) cor*tés*mente
i) felizmente
j) feamente

8.4. Soluciones: Tilde diacrítica

1. Cada oración en la que se ha colocado correctamente la tilde diacrítica vale un punto. En la oración *i*) lo correcto es simplemente no poner ninguna tilde. Por cada tilde que hayas puesto de más en esa oración o en cualquier otra, descuéntate medio punto de la nota total.

   a) Solo *él* sabe lo que tiene en la cabeza. [Como es sabido, *solo* se escribe sin tilde].

   b) Pues *sí* que te lo he advertido alguna que otra vez.

   c) Yo no quiero *más* que 15 o 16 galletas. [La conjunción *o* no se acentúa nunca, tampoco cuando va entre cifras].

   d) No *sé* si mi hermano va a venir esta tarde.

   e) *Tú* vete con estos a dar una vuelta, que yo me quedo en casa ensayando el *do, re, mi, fa, sol, la, si.* [No se acentúan nunca los demostrativos, en este caso, *estos*. Tampoco llevan tilde diacrítica los nombres de las notas musicales].

f) Dile a Ramirito que le *dé* la mitad a su hermana.

g) Ese es el amigo con el que suele tomar el *té* por las tardes. [No se acentúa el demostrativo *ese*].

h) Para *mí* que esta aventura nos ha de costar cara, mas no he de ser yo quien quede por cobarde. [No se acentúa la conjunción *mas*].

i) Aquel es para ti (el que va marcado con la letra te). [En esta oración ninguna palabra lleva tilde. La del demostrativo *aquel* pasó a la historia y nunca la tuvieron el pronombre *ti* y el nombre de letra *te*].

j) Tu sobrino se ha divertido mucho probando todos los *tés*. [El plural *tés* mantiene la tilde del singular. Conviene que recuerdes este caso porque resulta un tanto anómalo dentro de la tilde diacrítica].

2. Cada respuesta correcta vale un punto.

a) Que
b) que
c) qué/que
d) Qué
e) que
f) Que
g) qué
h) qué
i) qué
j) qué

La oración *c*), con tilde, significa ‹Ese señor está sin bebida›; sin tilde, en cambio, hemos de interpretarla como ‹Ese señor no debe beber›.

3. Cada apartado vale un punto.

   a) quienes
   b) quién
   c) quiénes
   d) quién
   e) quién
   f) Quién
   g) Quien
   h) quien
   i) quien/quién
   j) quién

   En *i*) el significado cambia dependiendo de si utilizamos la tilde o no. Sin tilde en *quien,* la oración significa ‹Solo le importan las personas que tienen dinero›; con tilde, hemos de interpretarla como ‹Solo le preocupa una cosa: quién tiene dinero y quién no›.

4. Cada respuesta correcta vale un punto.

   a) como

   b) Como [aunque aparece entre signos de admiración no es exclamativo, sino que tiene valor condicional (‹si›) y por eso se escribe sin tilde; no te dejes engañar por estos casos: lo que cuenta no es que haya signos de admiración, sino que la palabra en cuestión tenga verdaderamente valor exclamativo]

   c) cómo [es una interrogativa indirecta]

   d) el cómo

   e) cómo/como [se puede escribir con tilde o sin ella; en el primer caso, significa ‹No hay manera de librarse para siempre del jefe›; en el segundo, ‹No hay cosa mejor que librarse para siempre del jefe›] *f*) cómo/como [también admite la escritura con tilde o sin ella; en el primer caso, tiene valor exclamativo; en el segundo caso, tiene valor causal, como el que tendría, por ejemplo, en esta oración: *Como estáis disfrutando, no os queréis ir a casa* ‹No os queréis ir a casa *porque* estáis disfrutando›]

g) como [se pronuncia tónico por la especial construcción de la oración, que hace que quede separado del verbo, pero se escribe sin tilde; hay que evitar la tentación de ponerla]

h) cómo

i) como

j) como

5. Cada oración vale un punto.

a) el cuánto
b) Cuanto
c) cuánto
d) cuantas
e) cuanto
f) Cuántos
g) cuanto
h) cuánta
i) cuántas
j) cuántos

6. Cada respuesta correcta vale un punto.

a) cuan
b) Cuán
c) cuan
d) cuan
e) cuán
f) cuan
g) Cuán
h) cuán
i) cuan
j) cuán

7. Puntúate de uno a diez.

a) cuándo
b) de cuando en cuando
c) cuando
d) cuando
e) Cuándo
f) cuando
g) el cuándo
h) cuándo
i) Aun cuando
j) Cuando

En *b*) se repite *cuando,* pero solo cuenta como uno. En *i*) *aun* no lleva tilde.

8. Cada respuesta correcta vale un punto.

a) Donde
b) donde
c) dónde
d) Donde
e) dónde
f) dónde
g) Dónde
h) adónde
i) donde
j) el dónde

9. Cada respuesta correcta vale un punto.

a) cuáles
b) cual
c) cual
d) cual
e) Cuál
f) cual
g) cuál
h) cual
i) cuál
j) cual

10. Cada respuesta correcta vale un punto.

a) aún
b) Aún
c) Aun
d) aun
e) aun
f) Aún
g) aún
h) aun
i) aún
j) aun

8.5. Soluciones: Casos específicos

1. Cada palabra vale 0,5 puntos (para considerarla correcta, tiene que estar bien todo).

   a) lio [palabra monosílaba]

   b) vio [monosílaba]

   c) a·*hí*

   d) *lí*·o

   e) rio [monosílaba]

   f) me·*ó*

   g) re·*í*·as

   h) me·as

   i) *bú*·ho

   j) Miau [palabra monosílaba con un triptongo]

   k) truhan [monosílabo con diptongo y hache intercalada]

   l) fue [monosílaba]

   m) chi·*í*

   n) tra·*í*·a

   ñ) hui [monosílaba]

   o) ti [monosílaba]

   p) vi [monosílaba]

   q) *huí*·as [esta es difícil: hay un diptongo formado por dos vocales cerradas diferentes y a continuación un hiato] *r*) le·*áis* [otra secuencia complicada con un hiato y un diptongo]

s) fieis [monosílaba]

2. Cada palabra correcta vale 0,5 puntos (las que van unidas por guion se cuentan cada una por separado). En total hay veinte palabras, por lo que la nota máxima posible es diez.

a) corta*ú*ñas

b) otorrinolaring*ó*logo, esternocleidomastoideo

c) decimocuarta

d) Asimismo, *tár*taro-cata*rí*es

e) sabelotodo

f) tiovivo, cerebrovascular

g) ciem*piés*, mediod*í*a, balom*pié*, balonvolea

h) boquiabierto, hazmerre*ír*

i) ar*tís*tico-literaria

j) veintiuna, veinti*dós*

3. Cada forma verbal vale un punto.

a) *Dí*melo

b) Escond*é*oslos

c) Dele

d) rom*pér*seles

e) Estate

f) *Quí*tensemelos

g) acabose

h) beberla

i) Ha*bién*dosenos

j) Deteng*á*monos

4. Cada nombre vale 0,4 puntos.

   a) *Mí*riam
   b) Her*rá*ez
   c) Gil
   d) *Chá*vez
   e) *Ý*ñigo
   f) Herranz
   g) Chaves
   h) Luis
   i) Sanz
   j) *Dí*ez
   k) Pi
   l) *Vás*quez
   m) Llorens
   n) *Bláz*quez
   ñ) Ruiz
   o) Godoy
   p) Pereyra
   q) Saiz
   r) San*juán*
   s) Sainz
   t) Ortiz
   u) *Báez*
   v) Isaac
   w) Juan
   x) Guirao

5. Cada palabra vale 0,5 puntos.

   a) *bró*ker, *bád*minton, ae*ró*bic, kebabs

   b) Milord, *két*chup, *sánd*wich

   c) *wés*tern, *ré*cord, *ré*cords, *wés*terns, *trá*iler

   d) *chár*ter, folk, varie*tés*, videoclip, *mó*dem

   e) *hán*dicap, kebab, caucus

6. El ejercicio contiene un total de veinte palabras en cursiva. Cada una vale 0,5 puntos. Solo comento las más complicadas.

   a) cu*rrí*culum [es palabra esdrújula]

b) nomen*clá*tor [es palabra llana terminada en *-r;* probablemente te convenga buscar esta palabra en el diccionario]

c) tedeum [en castellano esta palabra es aguda porque la última sílaba contiene un diptongo; como termina en *-m* no procede escribirla con tilde], tedeums [las palabras agudas que terminan en *-s* no se acentúan si la ese va precedida de otra consonante]

d) corpore insepulto [desde la publicación de la *Ortografía de la lengua española* de 2010, las expresiones latinas formadas por más de una palabra se tratan como extranjerismos, por lo que no se tildan y se escriben en cursiva (o entrecomilladas si estamos escribiendo a mano); la pronunciación de esta expresión es «kórpore insepúlto»]

e) libido [atención, que *libido* es palabra llana]

f) ulti*má*tums [palabra llana terminada en un grupo consonántico]

g) alma mater [lo mismo que en *d*); la pronunciación es «álma máter»]

h) ac*cé*sits [esta palabra es llana, no nos confundamos; el grupo consonántico en que termina nos obliga a acentuarla ortográficamente]

i) dux [es un monosílabo y los monosílabos no se acentúan]

j) pluralia tantum

k) *fór*ceps [otra palabra llana terminada en un grupo consonántico]

l) super*á*vit

m) *cór*tex [es una palabra llana terminada en una consonante que no es ni *-n* ni *-s;* lo que nos podría despistar aquí es que en la pronunciación sí hay una ese final: «kórteks»; sin embargo, para la aplicación de las reglas de acentuación lo que cuenta es la grafía]

n) *óm*nibus [es una palabra esdrújula; no está aceptada la pronunciación «omnibús» sobre el modelo de *autobús*]

ñ) *ré*quiem [es palabra llana porque su última sílaba contiene un diptongo; al terminar en *-m,* es obligatorio acentuarla]

o) *plá*cet [otra buena candidata a una búsqueda en el diccionario]

Las palabras latinas que forman parte ya del vocabulario del español se acentúan siguiendo las reglas generales. Sin embargo, sus terminaciones se salen de lo corriente, por lo que no está de más practicar un poco. Además, las reglas ortográficas han cambiado recientemente para las expresiones formadas por más de una palabra. Antes se tildaban, como se hace con las palabras simples, y ahora, en cambio, se escriben siempre sin tilde y en cursiva (o entre comillas si estamos escribiendo a mano).

9. Soluciones a los ejercicios de repaso general

9.1. Soluciones: Vamos a ver si entendemos el sistema

Estas soluciones debes considerarlas más como una referencia que como unas soluciones cerradas y únicas, ya que puede haber toda una gama de variantes con diferentes grados de corrección.

1. La diferencia consiste en que el acento prosódico es un fenómeno perteneciente al plano de la pronunciación, mientras que el acento ortográfico pertenece al plano de la escritura. El primero tiene que ver con cómo se pronuncia una palabra y en qué sílaba hacemos un especial hincapié. El segundo, en cambio, es un signo que nos permite marcar en determinadas palabras cuál es la sílaba que recibe un especial hincapié en la pronunciación.

   Si tu solución a esta pregunta ha consistido simplemente en explicar qué es el acento prosódico y qué es el acento ortográfico, debes considerarla incorrecta. Si únicamente has indicado a qué plano pertenece cada uno, la respuesta es correcta (no hay necesidad de extenderse mucho más).

Los conceptos necesarios para resolver la cuestión están expuestos en el apartado 1.3.

2. En principio, no (o solo en un sentido muy limitado). Vayamos por partes. La afirmación de que no todas las palabras tienen tilde es evidente y no necesita mayor explicación. La de que todas tienen acento (entendido como acento prosódico) solo es cierta para las palabras que se pronuncian aisladas (que no es la forma en que se presentan las palabras normalmente). En cuanto empezamos a encadenarlas para formar un discurso, encontramos palabras tónicas y palabras átonas.

   Yo me he extendido un poco en la respuesta para que todo quede claro. Si simplemente has respondido que no, puedes dar la respuesta por válida. Si has respondido que sí, entonces, ¡ay!, te has equivocado.

   Los apartados relevantes son 1.4.1 y 1.3.

3. Una palabra en español puede tener como máximo una tilde, es decir, encontraremos palabras escritas sin ninguna tilde o con una sola, pero nunca con más de una. En cuanto al acento prosódico, por lo general esto también es cierto: las palabras en español normalmente o se pronuncian con un solo acento o se pronuncian sin él. Aquí, sin embargo, hay una excepción: los adverbios en *-mente* acumulan dos, uno en el adjetivo sobre el que están formados y otro en el sufijo *-mente.* Esta doble acentuación en el plano fonológico

no tiene reflejo en el plano escrito, donde estos adverbios, como cualquier otra palabra, o no tienen tilde *(naturalmente)* o tienen solo una *(rápidamente)*. Por tanto, sí que hay palabras en español con más de un acento prosódico aunque se trate de un grupo excepcional.

Los apartados relevantes para esta pregunta son 1.3 y 3.3.

4. Existen muchos pares de este tipo, por ejemplo: *tomas* (del verbo *tomar*) y *Tomás* (nombre propio), *tiro* y *tiró, anuncio* y *anunció.* También se dan algunas ternas como *término, termino, terminó* o, menos agradable quizás, *vómito, vomito, vomitó.*

   No hay un apartado especial que sea necesario para resolver esta pregunta. Es una mera cuestión de observación y reflexión.

5. La acentuación ortográfica de monosílabos como *guion, hui* y *fie* era uno de los viejos problemas que arrastraba la ortografía del español. Las reglas antiguas exigían la tilde en tales palabras basándose en que la mayoría de los hablantes las pronuncian como bisílabas [gui·ón, hu·í, fi·é]. Esto, sin embargo, resultaba incoherente por dos motivos. En primer lugar, la noción de diptongo a efectos ortográficos es convencional y muy sencilla: tenemos diptongo siempre que concurran una vocal abierta (a, e, o) y una cerrada (i, u) o dos vocales cerradas diferentes. En segundo lugar, las reglas de acentuación del español están hechas para indicar dónde recae el acento prosódico, pero no para dar

información sobre el número de sílabas de las palabras o sobre la pronunciación como diptongo o como hiato de una secuencia de dos vocales. Muchos hablantes pronuncian [viú·da] (con diptongo) frente a [je·su·í·ta] (con hiato), pero no utilizamos la tilde para reflejar en la escritura esta diferencia de pronunciación. Teniendo todo esto en cuenta, en 1999 se empezó a recomendar el escribir *guion* y similares sin tilde; pero se mantuvo también la otra posibilidad. En 2010 se desterró definitivamente esa tilde, con lo que el sistema de reglas ganó en coherencia.

Los apartados en que se trata esta cuestión son el 3.1 y el 5.1.

6. Lo hacen porque *ti* queda en el centro de una serie de tres pronombres personales y es el único que no lleva tilde diacrítica: *mí – ti – sí.* La analogía con las otras dos formas y el deficiente conocimiento de las reglas de acentuación es lo que lleva a escribir incorrectamente esa tilde.

   Los apartados relevantes son 5.9 y también 4.2.1 y 4.2.4.

7. La razón es que la tilde diacrítica solo se utiliza para diferenciar pares en los que una palabra es tónica y otra átona, pero no aquellos en los que las dos palabras son tónicas. Apartados 4.1 y 1.4.

9.2. Soluciones: Unos facilitos

1. Indico en cada palabra la sílaba tónica subrayándola:

a) *Tomate, b*) *tómate, c*) *tómatelo:* la primera palabra es llana, la segunda es esdrújula y la tercera, sobresdrújula. Son palabras muy semejantes por su forma, pero diferentes en cuanto a significado y acentuación.

d) *Anticonstitucional, e*) *camino:* la primera es aguda y la segunda, llana. Estas no tienen ninguna complicación.

f) *Caracteres, g*) *consola:* las dos son llanas. Hay quien duda a veces con la sílaba tónica de estas palabras.

2. Si has fallado en más de una o dos palabras en este ejercicio, tienes un problema.

   a) chimpan*cé*
   b) *más*ter
   c) *jó*venes
   d) ca*mión*
   e) pri*mer*
   f) es*drú*jula
   g) e*xá*menes
   h) refe*rén*dum
   i) *te*nis
   j) duo*dé*cimo
   k) so*fá*
   l) *ro*ja
   m) ar*dor*
   n) alhe*lí*
   ñ) men*di*go
   o) ca*ñón*
   p) *ca*non
   q) para*sol*
   r) *có*mic
   s) *dé*ficit
   t) Jeri*có*
   u) *vi*rus
   v) Mar*tí*nez
   w) Gon*za*les

3. Esas tildes son, evidentemente, incorrectas. *Examen, camiones* y *joven* son palabras llanas y la consonante final no justifica la tilde. Sin embargo, muchas personas las acentúan incorrectamente por influencia del plural *(exámenes,*

jóvenes) o del singular *(camión),* que sí se tildan. Recuerda que una misma palabra puede llevar tilde unas veces sí y otras no dependiendo de la terminación.

4. Así es como quedan las oraciones una vez que las acentuamos correctamente:

   a) Juan contem*pló* aquella *trá*gica lucha.

   b) ¡Hombre de poca fe!

   c) En una *gón*dola del mar A*driá*tico, un gallo *lú*gubre se apare*ció*.

   d) Tu primo *Héc*tor es un i*nú*til.

   e) Mariano com*pró* un *ár*bol en *Á*vila.

5. La palabra *acabè* lleva la tilde en la sílaba correcta, pero el signo que se ha utilizado para marcarla es el llamado acento grave (è). El único que se puede utilizar en español es el acento agudo (é). La escritura correcta es, por tanto, *acabé.* En la oración *ATENCIÓN: AQUÍ VIVIÓ JOSÉ MARTÍ* faltaban todas las tildes. El que esté escrita en mayúsculas no es motivo para no acentuarla.

9.3. Soluciones: Unos ni fáciles ni difíciles

1. *Viu·do:* dos sílabas; *in·clui·do:* tres sílabas; *des·va·í·do:* cuatro sílabas. Recuerda que una cosa es la separación ortográfica de sílabas y otra, la que de hecho hacemos en la pronunciación. Si te dejas guiar por esta última en lugar de por las reglas, fallarás a la hora de colocar la tilde.

2. Pues la verdad es que estaban bastante mal colocadas.

   a) La posición es incorrecta. Se debería haber escrito *cuántos* porque la tilde se debe colocar sobre la vocal abierta en diptongos que constan de una vocal abierta y una vocal cerrada.

   b) También es incorrecta. La razón es la misma que en el caso anterior. La grafía correcta es *digáis*.

   c) *Ti* no se acentúa, nunca se ha acentuado y si algún día se llega a acentuar será por encima de mi cadáver. Ni que decir tiene que *esta* en *esta carta* tampoco se acentúa.

   d) Los pronombres demostrativos se acentuaron en tiempos. Ya no. Debemos escribir simplemente *Y esta es para tu hermano.*

   e) *Fe* es un monosílabo y los monosílabos no se acentúan.

   f) Hubo una vez una tilde diacrítica que diferenciaba entre *solo* adjetivo y *solo* adverbio. Pasó a la historia. *Solo* ya no se acentúa. Si acaso te parece que la interpretación puede resultar dudosa, lo que tienes que hacer es modificar la redacción.

   g) Lo mismo que en la oración anterior.

   h) *Arterias* es una palabra llana terminada en *-s* y, por lo tanto, no se tilda. En la última sílaba hay un diptongo como la copa de un pino, por lo que esta palabra nunca puede ser esdrújula.

i) La grafía correcta es *decimoprimeros*. El numeral *décimo* lleva tilde cuando se escribe independientemente, pero no cuando aparece como primer elemento de un compuesto que se escribe en una sola palabra. Recuerda que la acentuación ortográfica de las palabras puede modificarse cuando se fusionan unas con otras en la escritura. Quedar en el puesto once de diez es una hazaña en sí.

j) Esta es la única oración que está correctamente acentuada de toda la serie. *Ven* se escribe sin tilde por ser palabra monosílaba, pero cuando se le añade el prefijo *pre-* lo que tenemos es una palabra bisílaba, aguda y terminada en *-n* que no hay más remedio que tildar: *prevén*. La acentuación gráfica de las palabras puede variar cuando se añaden prefijos o sufijos.

k) Esta acentuación es completamente incorrecta. *Sino* es una palabra llana que no lleva tilde por terminar en vocal.

l) La grafía correcta es *asimismo*. *Así* se acentúa cuando se escribe separado, pero no cuando se fusiona con *mismo*.

m) ¿Desde cuándo se ha acentuado la conjunción *o* cuando va escrita entre dos palabras? Un poco más disculpable sería el error de la oración siguiente (pero tampoco mucho).

n) La conjunción *o* se acentuaba antiguamente cuando se escribía entre cifras. Ya no se acentúa nunca. No hay peligro de que nadie se trague 304 galletas por falta de tilde.

3. *Luis* no se tilda porque es un monosílabo. Recuerda que la unión de dos vocales cerradas diferentes forma un diptongo. *Ruiz* está escrito correctamente. La explicación es la misma. Los nombres propios se acentúan (o no) siguiendo las reglas generales.

4. Los adverbios terminados en *-mente* tienen su propia regla de acentuación ortográfica. Mantienen simplemente la que tuviera el adjetivo sobre el que están formados.

5. *Incluido* no se tilda porque es una palabra llana terminada en vocal. La separación silábica a efectos ortográficos es *in·clui·do,* como hemos visto arriba (otra cosa es cómo pronunciemos eso). La unión de dos vocales cerradas diferentes es siempre un diptongo ortográfico.

6. Pongo primero cada oración debidamente acentuada y a continuación doy las explicaciones y la división silábica:

   a) *Tuvo una intoxicación de flúor y vio un búho tocando el laúd: Flúor* contiene un hiato porque el acento prosódico recae sobre la vocal cerrada. Lo mismo ocurre con *búho* y *laúd.* La hache es indiferente a efectos de acentuación. Por eso *búho* se comporta igual que las otras dos palabras. Si acaso se te ha ocurrido acentuar *vio,* deberías repasar las reglas de acentuación de los monosílabos y las de los diptongos (3.1 y 3.2.1). *Intoxicación* es simplemente una palabra aguda terminada en *-n*. La separación silábica es *in·to·xi·ca·ción, flú·or, vio, bú·ho* y *la·úd.*

b) *Peláez me ha enviado un espeleólogo ateo por correo aéreo: Peláez* es palabra llana acabada en *-z*. Recuerda que una secuencia formada por dos vocales abiertas diferentes es un hiato: *Pe·lá·ez. Espeleólogo* es palabra esdrújula y todas las esdrújulas se acentúan. La separación silábica es *es·pe·le·ó·lo·go*. Fíjate en que nuevamente tenemos un hiato. *Ateo* y *correo,* lógicamente, no se acentúan. No se pedía en el ejercicio, pero no está de más indicar aquí la separación silábica: *a·te·o, co·rre·o. Aéreo,* en cambio, sí se acentúa. Es una palabra esdrújula y tetrasílaba que contiene dos hiatos: *a·é·re·o.*

c) *«¡Rediez! ¡Léalo de una vez!», dijo indignado el cuáquero al jesuita en una pausa del partido de béisbol: Léalo* es palabra esdrújula: *lé·a·lo*. Está formada sobre el imperativo *lea* (del verbo *leer*), al que se le ha agregado un pronombre átono. Este añade una sílaba a la palabra original y modifica su acentuación gráfica. *Cuáquero* es palabra esdrújula: *cuá·que·ro*. Si has acentuado *jesuita,* quiere decir que confundes la acentuación de los diptongos y la de los hiatos. Ortográficamente, esta palabra tiene solo tres sílabas: *je·sui·ta. Béisbol,* por su parte, es palabra llana terminada en *-l: béis·bol.*

d) *Tome este bastoncillo y métasemelo en el oído levantándose la oreja entre pulgar e índice; pero tenga cuidado, no se me atraviese el tímpano: Métasemelo* es una palabra sobresdrújula. Como es bien sabido, estas se acentúan siempre. Está formada sobre el imperativo *meta,* al que se le han añadido tres pronombres átonos que han modificado la acentuación ortográfica del verbo: *mé·ta·se·me·lo. Oído* es palabra llana terminada en vocal, pero excepcionalmente se tilda porque el acento prosódico recae sobre la vocal cerrada en una secuencia de vocal abierta y vocal cerrada. Tenemos, por tanto, un hiato: *o·í·do. Levantándose* es una palabra esdrújula por obra y gracia del pronombre átono *se: le·van·tán·do·se. Índice* y *tímpano* son palabras esdrújulas sin mayores complicaciones: *ín·di·ce, tím·pa·no.*

9.4. Soluciones: Unos tirando a difíciles

1. Algunas tildes eran correctas y otras, incorrectas. Veamos:

   a) Es incorrecta. Se debe escribir *tiito.* Dos vocales iguales consecutivas forman siempre un hiato ortográfico, o sea, las dos íes pertenecen a sílabas diferentes: *ti·i·to.* Se trata de una palabra trisílaba y llana terminada en vocal. Como es sabido, estas no llevan tilde. Para acentuar correctamente esta palabra hay que comprender la acentuación de los hiatos (apartado 3.2.3).

   b) También es incorrecta. La grafía correcta es *lingüista.* Es una palabra trisílaba que contiene un diptongo:

lin·güis·ta. Las secuencias de dos vocales cerradas diferentes se acentúan (o no) siguiendo las reglas generales, como se explica en el apartado 3.2.1. Es una palabra llana terminada en vocal y, por tanto, no se tilda. La diéresis es indiferente por lo que respecta a la acentuación ortográfica.

c) En esta ocasión sí que es necesaria la tilde, pero porque ahora nos encontramos con una palabra esdrújula y todas las palabras esdrújulas llevan acento ortográfico. La división silábica es *lin·güís·ti·ca.* Una vez más, la diéresis ni quita ni pone a efectos de acentuación.

d) La acentuación es correcta. *Léelo* contiene una secuencia de dos vocales iguales, por lo tanto, la división en sílabas es esta: *lé·e·lo.* Como podemos ver, es una palabra esdrújula. El imperativo *lee,* por sí solo, no requiere tilde; pero cuando se le añade el pronombre átono *lo,* aumenta el cómputo silábico. Recuerda que las formas verbales a las que se les añaden pronombres átonos se acentúan siguiendo las reglas generales (5.4). La tilde de *tú,* por supuesto, está justificada por tratarse de una tilde diacrítica que marca el pronombre personal dentro del par *tú – tu.*

e) Es correcta. Es un caso análogo al de 1*a*), pero esta vez la grafía se ajusta a las normas. Es una palabra trisílaba: *chi·i·ta.*

f) Está debidamente acentuada. Se trata de una palabra bisílaba, aguda y terminada en vocal: *chi·í.* Se tilda, por tanto, siguiendo las reglas generales. Lo que nos puede despistar es que la grafía cambia en comparación con *chiita.*

2. También aquí había mezcla de corrección e incorrección.

    a) Es incorrecta. Se debe escribir *truhan.* Una regla antigua permitía tildar ciertos monosílabos ortográficos como este y alguno de los de abajo. No era la opción preferida, pero se admitía. Ya no. Estas palabras se amoldan a la regla que dice que los monosílabos no llevan tilde. Es fácil ver que se trata de un monosílabo si tienes en cuenta que la hache no existe a efectos de acentuación. Si ignoramos esa hache, lo que nos queda es una secuencia de vocal cerrada y vocal abierta.

    b) La acentuación de *él* es correcta, por supuesto, ya que es un pronombre personal y, por tanto, constituye el término marcado con tilde diacrítica dentro del par *él/el.* En cambio, *rio* se escribe sin tilde por las mismas razones expuestas en la solución 2*a*).

    c) *Bonsái* está correctamente acentuado. Se trata de una secuencia de vocal abierta y vocal cerrada, o sea, un diptongo ortográfico. Tenemos, por tanto, una palabra aguda terminada en vocal, que requiere acento. Como es sabido, cuando se ha de acentuar ortográficamente un diptongo, la tilde se coloca sobre la vocal abierta.

    d) *Hui* está bien escrito. Estamos en el mismo caso que en 2*a*) y 2*b*) arriba.

3. Los apellidos parecen ser especialmente proclives a las faltas de acentuación, sobre todo, los monosílabos. Veamos las soluciones.

   a) La acentuación es incorrecta. Se debe escribir *Sainz*. En primer lugar, hay que tener presente que los apellidos españoles se acentúan siguiendo las reglas generales. *Sainz* es un monosílabo, puesto que contiene un diptongo formado por una secuencia de vocal abierta y vocal cerrada. Los monosílabos no se acentúan.

   b) En este caso, la acentuación es correcta. Se trata de una palabra bisílaba: *Sá·ez*. Al ser llana y terminar en zeta, hay que acentuarla.

   c) Nuevamente, acentuación incorrecta. Es una palabra bisílaba: *Ar·naiz*. Lo que tenemos, por tanto, es una palabra aguda terminada en zeta. No procede el uso de la tilde.

   d) Esta es un poco más complicada. Está correctamente acentuada. Se trata de una palabra bisílaba: *Sá·enz*. Es una palabra llana que termina en un grupo de dos consonantes y por eso hay que acentuarla.

4. *Paraguay* es un trisílabo: *Pa·ra·guay*. Es palabra aguda. La i griega final se considera consonante a efectos de acentuación. Lo mismo ocurre con *Ca·ma·güey*. La diéresis es indiferente a efectos de la aplicación de las reglas de acentuación ortográfica. *Tai·péi*, en cambio, es un bisílabo. Es palabra aguda terminada en vocal y por eso se acentúa.

5. Sí, *Feijoo* en castellano se escribe sin tilde por ser una palabra llana terminada en vocal *(Fei·jo·o)*.

6. *Digáis* y *hacéis* se tildan necesariamente por ser palabras agudas terminadas en *-s,* puesto que la sílaba final contiene un diptongo. *Riais* y *lieis,* en cambio, no se pueden acentuar por ser monosílabos, ya que las secuencias *-iai-, -iei-* son triptongos. *Reíais,* por su parte, es palabra trisílaba *(re·í·ais)* porque al recaer el acento en la pronunciación sobre la vocal cerrada *-í-,* esta forma hiato con las vocales abiertas que tiene a uno y otro lado, lo que da lugar a sus tres sílabas ortográficas. Como es bien sabido, en estos casos es obligatoria la tilde para marcar que se rompe el diptongo o, en este caso, triptongo. *Reíais* es, por tanto, una palabra llana con todas las de la ley.

7. Si no has puesto ninguna tilde de más, te felicito.

   a) ¡Que *cuán*do va a venir tu madre! [El *que* inicial no tiene valor exclamativo. El *cuándo,* en cambio, es interrogativo (indirecto, eso sí). Eso explica que el uno aparezca sin tilde y el otro con ella].

   b) ¡Quien calcula compra en Sepu! [*Quien* no tiene valor exclamativo en esta oración por más que aparezca dentro de un enunciado exclamativo].

   c) *Cuán*tos *tés* diferentes y a *mí* solo me gusta el ca*fé.* [El *cuánto* del principio es exclamativo. Las oraciones exclamativas no siempre se marcan con signos de admiración. El nombre *té* conserva su tilde diacrítica en plural. *Solo,* de acuerdo con las reglas ortográficas actuales, no se acentúa en ningún caso].

d) *Sí,* puede que *él* no *dé más* de *sí.* [Una de tildes diacríticas en monosílabos].

e) Solo *sé* que *sé* a queso (dijo una patata frita). [Tilde diacrítica en *sé* de *saber;* en el primer caso, con significado de conocimiento y en el segundo, de sabor].

f) Aun as*í,* nunca est*á* de *más* que son*riáis.* [El *aun* de *aun así* no se acentúa porque se puede sustituir por *incluso. Sonriáis* es un hermoso ejemplo de palabra aguda terminada en *-s* con triptongo en la sílaba final].

9.5. Soluciones: Estos son para empollones

1. Sí, están acentuadas correctamente. *Bíceps, récords* y *afrikáans* se rigen por una regla especial dentro de la acentuación de las palabras llanas. Normalmente, cuando estas terminan en *-s* no se tildan, pero aquí la *-s* va precedida de otra consonante, por lo que la tilde es obligatoria. *Récord* termina también en un grupo de dos consonantes y por eso mismo se acentúa gráficamente. *Récord, récords* y *afrikáans* pueden ser dudosas además por ser de origen extranjero, pero la ortografía del español ya las trata como préstamos a los que somete a las reglas de acentuación.

2. Una y otra se tildan porque contienen triptongos. Sabiendo esto, es fácil darse cuenta de que *marramiáu* es una

palabra aguda terminada en vocal: *ma·rra·miáu*. Es una onomatopeya que imita el maullido del gato. *Tuáutem* es palabra llana terminada en *-m*. La mayoría de los hablantes desconocerá su significado, lo que dificulta aún más su acentuación (es más difícil aplicar las reglas a palabras que no se entienden). Si a estas alturas todavía no has ido a buscarla al diccionario, no sé a qué estás esperando. La tilde se coloca en ambos casos sobre la vocal abierta, como es preceptivo en la acentuación de diptongos y triptongos. Fuera de los casos de formas verbales como *espiéis,* estas dos son de las pocas en español que contienen triptongos que se tildan.

3. La única que está correctamente acentuada es *samurái.* En las otras dos la dificultad reside en el tratamiento ortográfico de esa i griega final. Pues bien, a efectos de acentuación se considera como una consonante cualquiera y, por tanto, hemos de escribir *paypay* y *yóquey.*

4. El quid de la cuestión está aquí en el origen del apellido. *Bernabeu* es un apellido catalán. La norma dice que los apellidos de otras lenguas se tildan (o no) según sea corriente en esa lengua. Sin embargo, para los procedentes del catalán, el euskera y el gallego se acepta la posibilidad de adaptarlos a la acentuación castellana cuando los interesados los sientan como castellanos. En definitiva, si lo tratamos como un apellido catalán, debemos escribirlo sin tilde; pero si lo castellanizamos, lo escribiremos con ella.

5. Sí, se trata de grafías arcaicas que se han mantenido en ciertos apellidos. Esos usos de la i griega se corresponden con los actuales de la i latina, razón por la cual se tildan como esta. De hecho, estas grafías alternan con las modernas *Laína, Íñiguez.*

6. Aquí de lo que se trataba era de la tilde diacrítica en interrogativos y exclamativos, evidentemente.

   a) Dionisio no tiene *que/qué* beber. [Sin tilde significa ‹no debe beber›; con ella, ‹no tiene nada que beber›].

   b) *Cuál* no sería mi sorpresa *cuando* salió un ornitorrinco del ascensor.

   c) Cada *quien* es cada *cual.* [*Cada quien* y *cada cual* son expresiones fijas que se escriben así, sin tilde].

   d) Susana pensó en *quienes/quiénes* la amaban. [Sin tilde significa ‹pensó en las personas que la amaban›; con ella, ‹pensó sobre cierto asunto: quiénes eran las personas que la amaban›].

   e) Todo depende de *como/cómo* lo hagas. [Aquí la ortografía permite ambas grafías sin que haya una diferencia clara de significado. Estos casos de tilde diacrítica presentan una considerable dificultad y la ortografía los hace depender de factores en gran medida subjetivos y difícilmente sistematizables].

   f) Mis alumnos estudiaban muy de *cuando* en *cuando.* [Este es otro caso de expresión fija que se escribe sin tilde, a pesar de que aquí *cuando* es palabra tónica].

g) Gástate los cuartos *donde, cuando* y *como* quieras. [Se escriben sin tilde. Nos puede despistar el que *donde* y *cuando* se pronuncien como palabras tónicas, pero esto es así simplemente porque se ha elidido el verbo y se han quedado sin el apoyo acentual que este les debería prestar. Si nos fijamos en el *como,* comprobaremos que su verdadera naturaleza es átona y que se apoya en el acento del verbo para su pronunciación].

h) Desde luego, ¡*dónde* has ido a aparcar el vehículo lunar! [Es un *dónde* exclamativo].

i) Ni *que* decir tiene que estáis invitados. [Nuevamente, una expresión fija que se escribe sin tilde].

j) Se puso como un basilisco diciéndome que era un tal y un *cual.* [Otra expresión fija].

7. En los tres casos, el problema está en el tratamiento ortográfico que les tenemos que dar a palabras y expresiones latinas. *Solárium* es una palabra de origen latino plenamente integrada en el castellano. Estas se acentúan siguiendo las mismas reglas que cualquier otra palabra. Lo mismo ocurre en la oración *b*) con *referéndums.* Esta palabra tiene la dificultad añadida de terminar en un grupo *-ms,* que es una secuencia poco frecuente. Ya hemos visto en el ejercicio 1 de este bloque la regla correspondiente. Por lo que respecta a *Alea jacta est,* de acuerdo con las reglas actuales las citas latinas no se acentúan porque en esta lengua, simplemente, no existía la tilde. Antiguamente sí que se hacía a veces para facilitar la lectura.

9.6. Soluciones: Una de ejercicios variados

1. Algunas palabras tenían su complicación. Así es como quedan las soluciones:

   a) *á*guila
   b) *pón*selo
   c) catamar*án*
   d) mendigo
   e) consola
   f) efluvios
   g) car*ác*ter
   h) caracteres
   i) *ré*gimen
   j) reg*í*menes
   k) (él) pre*vé*
   l) ion
   m) *tó*rax
   n) decimocuarto
   ñ) *có*mics
   o) enraizado
   p) ra*í*ces
   q) enra*í*za
   r) melifluo
   s) jesuita
   t) pele*áis*
   u) pele*éis*
   v) *cán*didamente
   w) fe
   x) asimismo
   y) friais
   z) ca*mión*
   aa) camiones
   ab) de*mués*traselo
   ac) oig*á*moslos

2. Aquí había peligro de poner alguna que otra tilde de más.

   a) Espero que el jefe me *dé* unos diitas *más* de vacaciones.
   b) *Llé*vese dos o tres camisas de esas.
   c) Esta es para ti y aquella para *él.*
   d) Aun as*í,* no te des por vencido.
   e) Solo *sé* que no *sé* nada.

f) Solo quiero que me digas si *sí* o si no, o, de lo contrario, *qué* esperas que hagamos.

g) *¿Cómo* dice? ¿Que si acaso me *sé* la sinfo*ní*a en si menor? Claro que *sí, sí* que me la *sé*.

h) *Dé*jame de *dé*ficits y supe*rá*vits, que a *mí* solo me interesa el *há*bitat de ciertos espe*cí*menes de ñan*dú*.

3. En este ejercicio teníamos una recopilación de típicas tildes incorrectas. Es muy frecuente equivocarse por exceso en la acentuación.

   a) Habíamos con*clui*do los exámenes de las oposi*cio*nes siendo aún relativamente jóvenes.

   b) No *so*lo quiero que no os *fieis, sino* que no os resfriéis.

   c) No enviéis ultimátums alegremente a He*rraiz*.

   d) En mi sueño yo era un gorrión, pe*ro* me desperté en *cuan*to *pie*.

   e) ¡*Que* le digo que se tiene que identificar con el carné!

   f) «Sí, si ya sé *que so*lo beberán té *o* café», dijo para sí.

4. Nuestra asocia*ción* se ha*bí*a convencido a *sí* misma de que bati*rí*amos todos los *ré*cords en las competiciones de eslalon, pero las dificultades comenzaron desde el mis*mí*simo momento en que subimos con nuestro *lí*der y gu*rú* a aquel flamante auto*bús* con motor *dié*sel. Apenas ha*bí*amos recorrido vein*tiún* ki*ló*metros ¡cuando nos quedamos sin ga*só*leo en mitad de la auto*ví*a! Aun siendo el *más* destacado equipo de nuestro barrio, nadie pre*vió cuán* complicadas resul-

ta*rí*an las cosas en el *ám*bito internacional. Perdimos los es*quí*es y acabamos alqui*lán*doselos a unos señores chi*í*es que pasaban por a*hí*. Los suecos nos dieron una paliza y los suizos, para *qué* contar. *Ós*car («Os*quí*tar») Pe*lá*ez se fractu*ró* el *fé*mur y el *cóc*cix y hubo que tra*tár*selos con code*í*na. El *clí*max se alcan*zó* cuando los espectadores empezaron a gritar: «¡Que los metan en la *cár*cel!». Si alguna vez espe*ráis* cosechar un triunfo en es*lá*lones o similares, no olvi*déis* que no es lo mismo entrenar asiduamente sobre el *cés*ped de casa siguiendo un guion que enfrentarse a un da*nés*, a un le*tón* o incluso al campe*ón* de *Ró*terdam.

Resumen

Si recuerdas y entiendes este resumen, estarás en condiciones de resolver el noventa por ciento de los casos de acentuación.

Reglas generales:

Se utiliza tilde en los siguientes casos:

1. Palabras agudas: Cuando terminan en vocal, *-n* o *-s:*

   café, cajón, anís

2. Palabras llanas: Cuando no terminan en vocal, *-n* o *-s:*

   árbol, césped, cómic, etc.

3. Palabras esdrújulas: Siempre:

   esdrújula

4. Palabras sobresdrújulas: Siempre:

   apréndetelo, póngasemelo

Excepciones:

Hay dos excepciones que afectan a las palabras terminadas en grupos de consonantes:

1. Agudas: No se tildan si terminan en dos o más consonantes:

   robots, confort

2. Llanas: Sí se tildan cuando terminan en dos o más consonantes:

   bíceps, récord, wésterns

Diptongos:

Los diptongos son secuencias de dos vocales que pertenecen a la misma sílaba. Se acentúan siguiendo las reglas generales. Existen los siguientes tipos:

1. Vocal abierta + vocal cerrada (o viceversa):

   caigo, riego

   Si hay tilde, tiene que ir en la vocal abierta:

   bonsái, murciélago

2. Dos vocales cerradas diferentes:

   jesuita

   Si hay tilde, tiene que ir en la segunda vocal:

   cuídate

Triptongos:

Los triptongos son secuencias de tres vocales que pertenecen a la misma sílaba. Se acentúan siguiendo las reglas generales. Solo hay un tipo:

1. Vocal cerrada + abierta + cerrada:

   vieira

   Si corresponde acentuarlos, la tilde tiene que ir en la vocal abierta:

   acentuéis

Hiatos:

Los hiatos son secuencias de dos vocales que pertenecen a sílabas diferentes. Hay tres tipos. El primero se acentúa siguiendo una regla particular (véase el recuadro siguiente). Esta regla *rompe* el diptongo. Los otros dos siguen las reglas generales.

1. Vocal cerrada tónica + vocal abierta (o viceversa):

   tío, raíz

2. Dos vocales abiertas diferentes:

   veo

3. Dos vocales iguales:

   Rociito, leer

Reglas particulares:

1. Los monosílabos no llevan tilde:

   fe

2. Hiatos formados por vocal cerrada tónica + vocal abierta (o viceversa): La vocal cerrada siempre lleva tilde:

   tío, raíz

3. Adverbios en -mente: Se acentúan igual que el adjetivo sobre el que están formados:

   rápidamente, probablemente

La tilde diacrítica:

1. Monosílabos

   a) *Mí – mi:* pronombre – posesivo

   b) *Tú – tu:* pronombre – posesivo

   c) *Él – el:* pronombre – artículo

   d) *Sí – si:* pronombre o afirmación – condicional

   e) *Té – te:* ‹infusión› – pronombre

   f) *Dé – de:* verbo *dar* – preposición

   g) *Sé – se:* de *ser* o de *saber* – pronombre, marca impersonal...

   h) *Más – mas:* comparativo o ‹suma› – ‹pero›

2. Interrogativos y exclamativos

Las siguientes palabras se escriben con tilde cuando tienen valor interrogativo o exclamativo. En los demás casos se escriben sin tilde.

a) *Qué*

b) *Quién*

c) *Cómo*

d) *Cuánto*

e) *Cuán*

f) *Cuándo*

g) *Dónde*

h) *Cuál*

3. *Aún – aun:* lleva tilde cuando equivale a ‹todavía›. No la lleva cuando se puede sustituir por ‹incluso›

4. Casos obsoletos:

Antiguamente, las siguientes palabras podían llevar tilde diacrítica en determinadas circunstancias. Ya no se tildan nunca.

a) *Solo*

b) *O*

c) *Este, ese, aquel* (y sus variantes)

Casos particulares:

1. *Guion, truhan, hui, riais,* etc. son monosílabos. No se acentúan.
2. LAS MAYÚSCULAS SE ACENTÚAN.
3. Las palabras compuestas siguen las reglas generales:

   asimismo, decimoprimero, puntapié
4. Los verbos con pronombres enclíticos siguen las reglas generales:

   mojarse, cállate, suponte
5. Las abreviaturas se acentúan si conservan la vocal acentuada:

   cía. (< *compañía*), *Luis Á.* (< *Luis Ángel*)
6. Los nombres de persona españoles tienen que seguir las reglas de acentuación:

   Míriam, Sáenz, Luis, Arnaiz
7. Las palabras latinas de uso corriente se amoldan a las reglas castellanas:

   superávit, currículum
8. Y por lo que más quieras: *ti* no se acentúa.

www.ingramcontent.com/pod-product-compliance
Lightning Source LLC
Chambersburg PA
CBHW060754050426
42449CB00008B/1401
9788461663576